EVERYDAY-SHIRT MIT TEILUNG

Größen: 104/ 110/ 116/ 122/ 128/ 134 • Schwierigkeit: ✪✪✪ • Schnittteile 14a-f auf Bogen A in Blau

Trotz Kaktus-Print pikst hier nichts! Im Gegenteil, dieses gemütliche Shirt lässt sich für jedes Wetter passend kombinieren.

Jersey oder Sweat, blau mit Kakteen

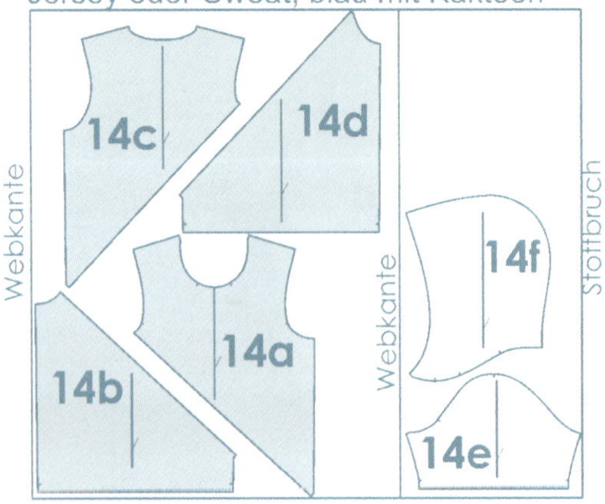

Jersey oder Sweat, grau

MATERIAL

- Jersey oder Sweat, blau mit Kakteen, 140 cm breit, 85/ 90/ 90/ 95/ 100/ 105 cm
- Jersey oder Sweat, grau, 140 cm breit, 35/ 35/ 35/ 35/ 35/ 40 cm
- Bündchenware, hellblau, ca. 90 cm breit, 8 cm
- Ösen, Patches & Kordel in passenden Farben, siehe Seite 77
- Plottermotiv (optional, siehe Seite 75)

ZUSCHNEIDEN

Jersey oder Sweat, blau mit Kakteen

- 14a Vorderteil, oben
- 14b Vorderteil, unten
- 14c Rückenteil, oben
- 14d Rückenteil, unten
- 14e Ärmel
- 14f Kapuze

Jersey oder Sweat, grau

- 14f Kapuze

Bündchenware:

- Paspel-Bündchen: Länge wie obere Kante des unteren Vorderteils x 6 cm

NÄHEN

! Alle Nähte mit einer Overlock-Nähmaschine oder alternativ mit einem elastischen (Zickzack-)Stich der Haushalts-Nähmaschine + Versäuberungsnaht nähen.

1 Falls gewünscht, das Plotterbild auf dem oberen Vorderteil anbringen. Das obere und das untere Vorderteil mit den rechten Seiten nach oben auslegen 1.

2 Das Paspel-Bündchen links auf links zur Hälfte falten, die langen Schnittkanten aufeinanderstecken oder heften. Bündchen rechts auf rechts an die schräge Kante des unteren Vorderteils legen, gleichmäßig über die gesamte Strecke gedehnt fixieren und annähen. Das obere Vorderteil rechts auf rechts auf das untere Vorderteil legen und an der Teilung zusammenstecken. Die Kanten zusammennähen.Die Teile auffalten, die Nahtzugaben in das Oberteil bügeln. Die Naht von rechts mit einem Geradstich absteppen 2.

3 Oberes und unteres Rückenteil (ohne Paspel) wie die Vorderteile zusammennähen.

4 Das Vorderteil rechts auf rechts auf das Rückenteil legen und die Schulternähte schließen 4.

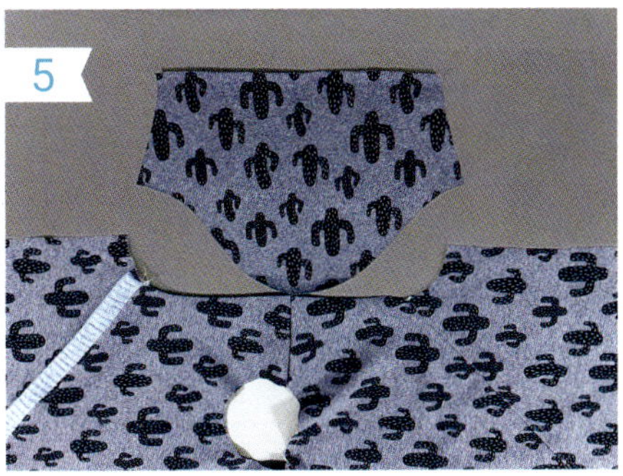

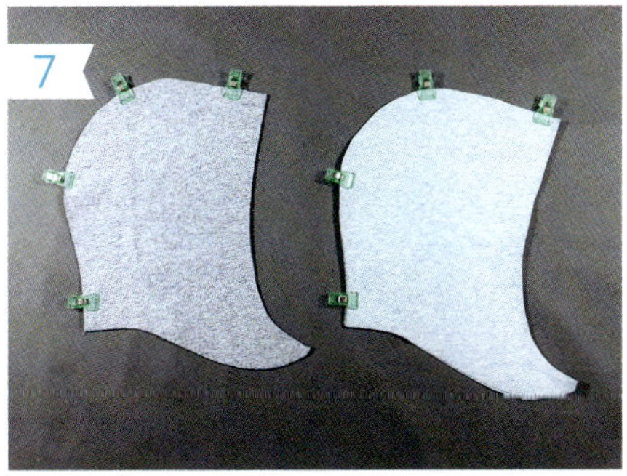

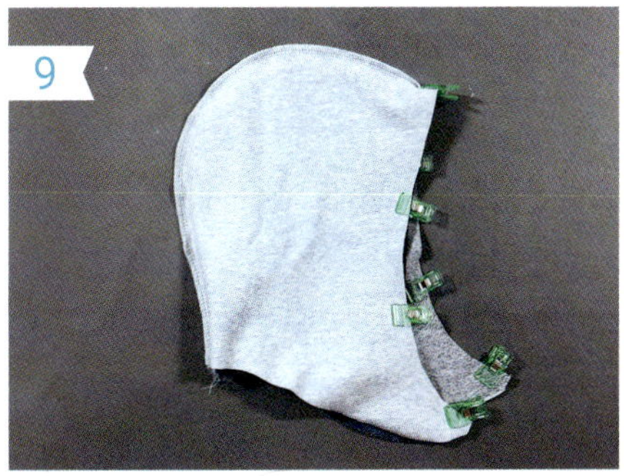

5 Beide Teile wieder auseinanderfalten und aufgeklappt, mit der rechten Seite nach oben zeigend, auslegen. Einen Ärmel rechts auf rechts an den passenden Armausschnitt legen, gemäß den Markierungen fixieren und einnähen. Den zweiten Ärmel ebenso am anderen Armausschnitt einnähen 5.

6 Vorder- und Rückenteil wieder rechts auf rechts aufeinanderlegen, Ärmel zur Hälfte legen. Die Seitennaht und die Ärmelnaht jeweils durchgehend schließen 6.

7 Jeweils die gleichfarbigen Kapuzenschnittteile rechts auf rechts aufeinanderlegen und an der äußeren Rundung zusammennähen. Die Nähte von rechts knappkantig absteppen 7.

8 Ösen, Patches & Kordel an der äußeren Kapuze anbringen, siehe Seite 77.

9 Beide Kapuzen rechts auf rechts ineinanderlegen und die vorderen Kanten zusammennähen. Kapuzenteile links auf links wenden. Die vordere Kante im Nahtbruch flach bügeln und ab Kante 1 cm breit absteppen 9.

10 Die Kapuze mit der Halskante rechts auf rechts an den Halsausschnitt des Shirts legen. Dafür die Kapuzenmittelnaht in der Mitte des hinteren Halsausschnittes fixieren, dann die Kapuzenkanten zu beiden Seiten nach vorne legen 10.

11 Die Kapuze gemäß den Markierungen ringsum gut feststecken – im vorderen Bereich des Halsausschnittes überlappen sich die Kapuzenkanten – dann rundum festnähen.

12 Den unteren Shirtrand versäubern, laut Markierung nach links umschlagen, fixieren und ab Bruchkante fußbreit feststeppen.

13 In gleicher Weise die unteren Ärmelränder säumen.

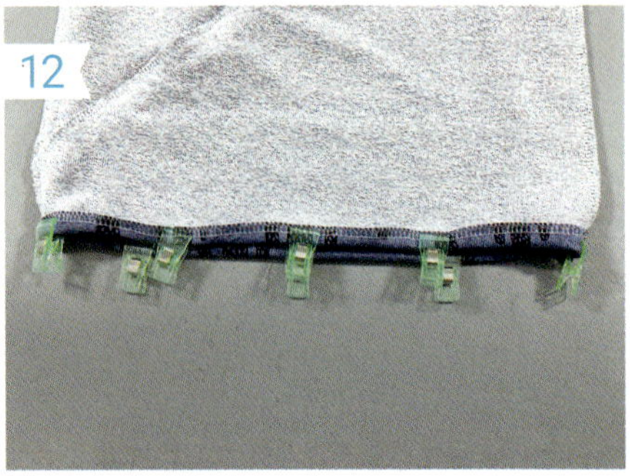

GROW WELL
150
5
4
100
9

RAFFINIERTE SWEAT-JACKE

Größen: 104/ 110/ 116/ 122/ 128/ 134 • Schwierigkeit: ✪✪✪
• Schnittteile 16a-i auf Bogen C in Schwarz

Ob beim Toben in der Freizeit oder in der Schule, diese coole Jacke macht jeden Spaß mit!

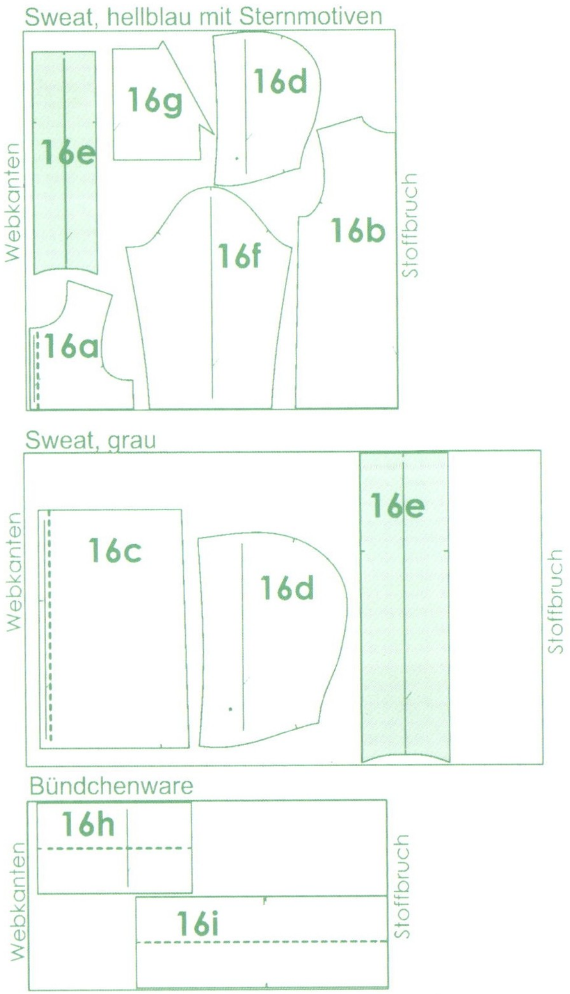

MATERIAL

- Sweat, hellblau mit Sternmotiven, 140 cm breit, 100/ 105/ 110/ 120/ 125/ 130 cm
- Sweat, grau, 140 cm breit, 45/ 45/ 45/ 45/ 50/ 50 cm
- Bündchenware, hellblau, ca. 90 cm breit, 20 cm für alle Größen oder (wie hier) Fertigbündchen in Breite der Schnittteile
- Reißverschluss, teilbar, 48/ 51/ 53,5/ 56/ 58,5/ 61 cm

ZUSCHNEIDEN

Sweat, hellblau mit Sternmotiven

- 16a Vorderteil, oben
- 16b Rückenteil
- 16d Kapuze, Seite
- 16e Kapuze, Mitte
- 16f Ärmel
- 16g Tasche

Sweat, grau

- 16c Vorderteil, unten
- 16d Kapuze, Seite
- 16e Kapuze, Mitte

Bündchenware

- 16h Ärmelbündchen
- 16i Saumbündchen

NÄHEN

! Alle Nähte mit einer Overlock-Nähmaschine oder alternativ mit einem elastischen (Zickzack-)Stich der Haushalts-Nähmaschine + Versäuberungsnaht nähen.

1 Die oberen Vorderteile rechts auf rechts auf die unteren Vorderteile legen, die Kanten fixieren und zusammennähen. Vorderteile auffalten, die Nahtzugaben nach unten bügeln und die Nähte von rechts knappkantig absteppen 1.

2 An den Taschen die Eingriffkanten versäubern und laut Markierung nach links umbügeln. Die Umschläge von rechts feststeppen. Die Nahtzugaben der oberen und seitlichen Taschenkanten nach links umbügeln. Die Taschen gemäß Markierung auf die Vorderteile stecken und die oberen und seitlichen Taschenkanten knappkantig aufsteppen. Die vordere und die untere Taschenkante innerhalb der Nahtzugabe auf das Vorderteil heften 2.

3 Die Vorderteile rechts auf rechts auf das Rückenteil legen. Schulterkanten fixieren und zusammennähen. Die Seitenkanten ebenso nähen 3.

4 Beide Teile wieder auseinanderfalten und aufgeklappt, mit der rechten Seite nach oben zeigend, auslegen. Einen Ärmel rechts auf rechts an den passenden Armausschnitt legen, gemäß den Markierungen feststecken und einnähen. Den zweiten Ärmel ebenso am anderen Armausschnitt einnähen 4.

5 Vorder- und Rückenteil wieder rechts auf rechts aufeinanderlegen, Ärmel zur Hälfte legen. Die Seiten- und die Ärmelnaht jeweils durchgehend schließen 5.

6 Außenkapuze: Den grauen Kapuzenmittelstreifen mit einer langen Kante rechts auf rechts an die hintere Rundung eines hellblauen Kapuzenseitenteils legen, fixieren und annähen. Dann die zweite lange Kante des Mittelstreifens genauso an die hintere Rundung des zweiten hellblauen Kapuzenseitenteils nähen. Nahtzugaben in die Seitenteile bügeln, Nähte von rechts knappkantig absteppen 6.

7 Die Innenkapuze mit den verbliebenen Kapuzenteilen wie die Außenkapuze nähen. Kapuzen rechts auf rechts ineinanderlegen und die vorderen Kanten zusammennähen. Kapuzen links auf links wenden. Die vordere Kante im Nahtbruch flach bügeln und ab Bruchkante 1 cm breit absteppen 7.

8 Die Kapuze mit der Halskante laut Markierungen rechts auf rechts an den Halsausschnitt der Jacke legen – dabei beachten, dass an den vorderen Kanten der Vorderteile die Nahtzugabe für den Reißverschluss frei bleibt! Schnittkanten fixieren und zusammennähen 8.

9 Saumbündchen annähen, s. S. 76 9.

10 An den vorderen Kanten den Reißverschluss einnähen, s. S. 75. Nach Wunsch den Kinnschutz ergänzen.

11 Die Ärmelbündchen annähen, siehe Seite 76.

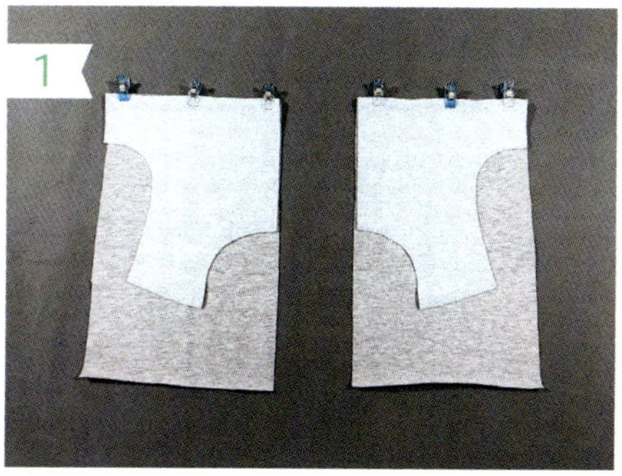

5

6

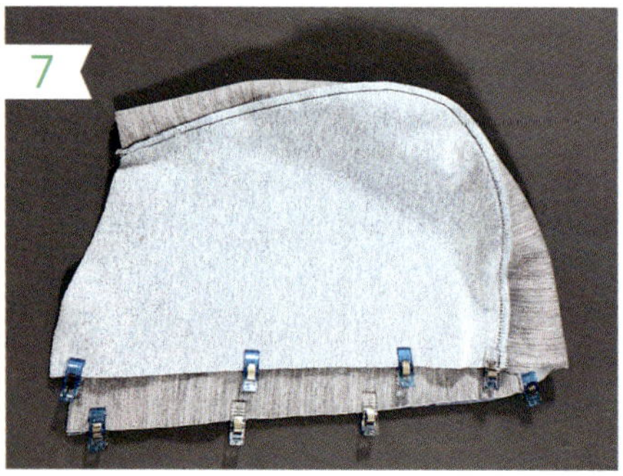
7

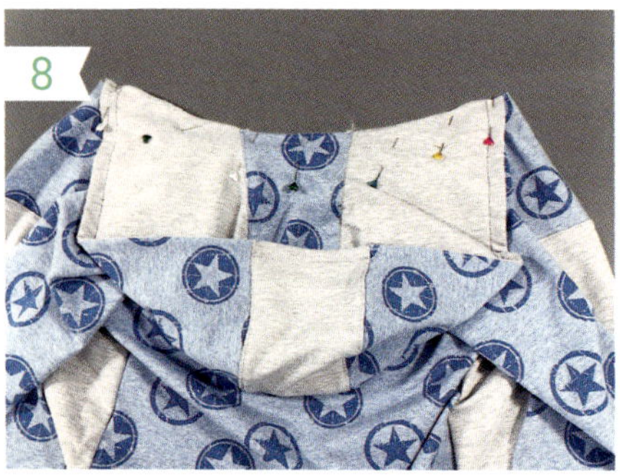
8

9

WISSENSWERTES RUND UMS NÄHEN

Gleich geht es los mit dem Nähen!
Ein paar Dinge sollten zuvor jedoch noch erwähnt werden. Denn wenn alles gut vorbereitet ist, macht das Nähen doppelten Spaß!

STOFFSEITEN

Die sogenannte »rechte Seite« ist die Schauseite, also die Oberseite des Stoffs. Wenn es heißt »Stoffteile rechts auf rechts aufeinanderlegen«, zeigen die Oberseiten zueinander und die Unterseiten sind sichtbar.

FADENLAUF

Der Fadenlauf ist die Richtung, in die der Stoff gestrickt oder gewebt wurde. Dieser verläuft immer parallel zur Stoff- bzw. Webkante. Maschenware, wie z. B. Jersey, besteht aus ineinandergreifenden Schlingen, den Maschenstäbchen. Die senkrechten Reihen aus Maschenstäbchen entsprechen dem Fadenlauf. Beim Zuschneiden werden die Schnittteile immer so aufgelegt, dass der Fadenlauf parallel zu Stoffkante liegt.

STOFFBRUCH

Wird der Stoff Webkante auf Webkante zusammengelegt, ergibt sich eine Faltkante, die als Stoffbruch bezeichnet wird. Manche Teile werden »im Stoffbruch« zugeschnitten. Die, im Schnittteil markierte, Bruchkante kennzeichnet die Mitte eines Schnittteils. Das Schnittteil wird mit der Bruchkante auf den gefalteten Stoff genau auf den Falz (Stoffbruch) gelegt. An der Bruchlinie ist keine Naht! Nach dem Zuschneiden das Teil auffalten.

Für den sogenannten Doppelbruch die Webkanten beidseitig zur Mitte legen, sodass die äußeren Kanten nun jeweils im Stoffbruch liegen. Wie weit die Webkanten nach innen geschlagen werden, hängt von der Breite des im Stoffbruch liegenden Schnittteiles ab.
Bleibt in der Mitte ein Stück frei, kann dieser Platz für Schnittteile genutzt werden, die in einfacher Stofflage zugeschnitten werden.

GEMUSTERTER STOFF

Bei gemusterten Stoffen ist unbedingt darauf zu achten, dass das Muster bei allen Teilen in die richtige Richtung läuft. Vor dem Zuschnitt immer prüfen, ob das Muster richtig herum liegt und nicht auf dem Kopf steht. Hat der Stoff ein großes Motiv, welches später z. B. mittig auf dem Vorderteil liegen soll, verläuft die Kante des Stoffbruchs genau vertikal mittig im Motiv.
Bei gestreiften Stoffen bereits beim Zuschnitt darauf achten, dass das Streifenmuster bei aneinanderstoßenden Kanten auf gleicher Höhe liegt.

KNIPSE

Knipse sind extrem wichtige Markierungspunkte, die dafür sorgen, dass Schnittteile deckungsgleich aufeinanderpassen. Besonders hilfreich sind Knipse bei unterschiedlichen Kantenformen zweier Schnittteile, die zusammengenäht werden sollen.
Beim Zuschneiden die Knipse mit einem kleinen Einschnitt von 3 mm innerhalb der Nahtzugabe markieren.

NÄHGARN

Für dehnbaren Stoff ist Polyestergarn empfehlenswert, da es leicht elastisch und dadurch strapazierfähiger als normales Baumwollgarn ist. Speziell für Overlock-Maschinen gibt es dünnen Polyesterfaden in sogenannten Overlock-Konen.
Für weiche Nähte, die nicht kratzen oder auftragen sollen, ist Bauschgarn empfehlenswert. Wichtig ist hier, die Fadenspannung dem Garn anzupassen. (Bauschgarn an der Haushaltsnähmaschine ausschließlich als Unterfaden und an der Overlock-Maschine nur im Greifer verwenden.)

STECKEN UND HEFTEN

Stoffteile stets zuerst mit Stecknadeln/Stoffclips fixieren, damit sie beim Nähen nicht verrutschen. Anschließend können die Teile »geheftet« werden. Eine Heftnaht wird mit dem größtmöglichen Geradstich der Nähmaschine oder mit großen Vorstichen von Hand ausgeführt. Nahtanfang und -ende werden nicht gesichert. Stecknadeln/Stoffclips entfernen. Nach dem endgültigen Zusammennähen werden die Heftfäden einfach herausgezogen.

NÄHNADELN

Für gewirkte Stoffe, wie Sweat oder Jersey, unbedingt eine Jersey-Nadel verwenden. Sie hat eine (minimal) abgerundete Spitze und verletzt dadurch die feinen Maschenglieder nicht. Für sehr elastische Stoffe, wie Viskose-Jersey oder Lycra, gibt es spezielle Stretch-Nadeln.
Mit einer Zwillingsnadel kann ein dekorativer, elastischer Saum genäht werden.

NÄHEN

Der Geradstich ist der grundlegende Nutzstich beim Nähen mit der Nähmaschine. Dies wird auch als »Steppen« bezeichnet. Im Allgemeinen wird auf der linken Stoffseite genäht. Die Nahtzugaben mit Zickzackstichen oder Overlockstichen versäubern.
Die Overlock-Maschine schließt und versäubert in einem Arbeitsgang. Den geeigneten Stich der Bedienungsanleitung entnehmen. Säume mit einem Coverstich nähen. Alternativ die Saumkante mit einem Overlockstich versäubern und mit der normalen Nähmaschine festnähen.

ABSTEPPEN

Eine Naht oder Kante auf der rechten Seite des Projekts nochmals dekorativ nachsteppen. In der Regel ist ein Nähfuß 14 mm breit. Der Abstand der äußeren Fußkanten zur Nadel beträgt auf jeder Seite 7 mm. Schließt die Naht beim Nähen mit der Außenkante des Nähfußes ab, versteht man darunter das »fußbreite Absteppen«. Beim »knappkantigen Absteppen« wird mit 1-2 mm Abstand zur Naht genäht.

PLOTTERMOTIV / APPLIKATION

Die Vorlagen zu den Motiven „Coole Sonnenbrille" und „Lustiger Kaktus mit Brille" stehen als kostenloser Download unter www.downloads.christophorus-verlag.de zur Verfügung.
Es gibt sie wahlweise als Plotter-Datei oder Applikationsvorlage. Die Farbgestaltung jeweils laut Vorlage oder nach Wunsch vornehmen.
Erstellung/Design der Plotterdateien: Sandra Diepolder/ Label: Frau Pold

REISSVERSCHLUSS (NICHT TEILBAR) MIT KINNSCHUTZ EINNÄHEN

1 Für den Kinnschutz zwei Teile in gewünschtem Stoff zuschneiden (Schnittteil 4f auf Bogen B). Die Teile rechts auf rechts aufeinanderlegen und an der gerundeten Kante zusammennähen. Nahtzugaben etwas zurückschneiden, die Lagen links auf links wenden und im Nahtbruch flach bügeln.

2 Das Kleidungsstück mit der rechten Seite nach oben zeigend auslegen. Reißverschluss (RV) öffnen und ein RV-Band rechts auf rechts an eine Vorderseitenkante legen.

3 Am unteren Ende der RV-Öffnung liegt der Schieber knapp oberhalb der Markierung.

Das RV-Band direkt neben der Spirale festnähen. Nahtanfang und -ende gut verriegeln. Am Halsausschnitt Nahtzugabe + RV-Band nach links umschlagen, das RV-Band zur Seite einfalten und die Kante füßchenbreit feststeppen.

4 Die zweite RV-Hälfte rechts auf rechts auf die andere Schnittkante der Öffnung legen und feststecken. RV zur Probe schließen. Falls es in den Vorderteilen eine Quernaht gibt, muss diese beim Schließen des RV in einer Linie liegen. Am Halsausschnitt die Nahtzugabe nach links umschlagen.

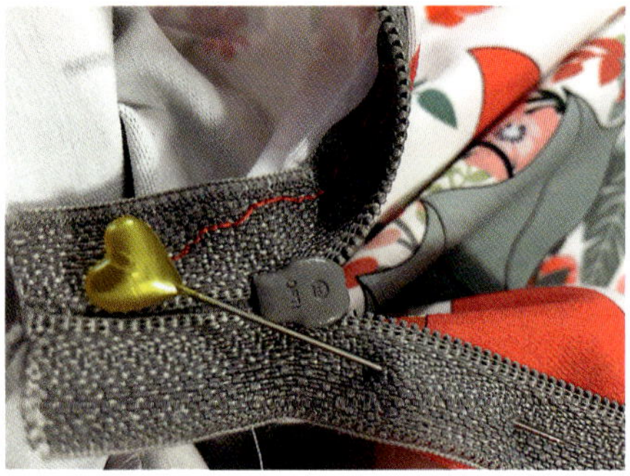

5 Am oberen Ende des Vorderteils den Kinnschutz rechts auf rechts, mit der offenen Kante zur Schnittkante zeigend, mittig auf dem Halsrand anlegen.

6 Den RV bis zum Halsrand auf das untere Teil des Kinnschutzes legen – das RV-Band zur Seite einfalten – dann den Kinnschutz zur Hälfte über den RV klappen. Die Lagen gut fixieren und die 2. RV-Hälfte inkl. Kinnschutz annähen.

7 Den Kinnschutz über den RV zur Seite wenden. RV-Band-Nahtzugaben jeweils in die Vorderteile legen und von rechts fußbreit absteppen. Nach Wunsch das untere Ende des RV mit einem Aufnäher, z. B. aus Leder oder waschbarem Papier, verzieren.

BÜNDCHEN

Bitte beachten: Die exakte Breite der Bündchenstreifen hängt von der Dehnbarkeit der gewählten Bündchenware ab. Daher sind die Schnittteile nur als Richtwert zu sehen. Stets am eigenen Material prüfen, ob das Bündchen verbreitert oder gekürzt werden muss.

BÜNDCHEN-METERWARE ODER SCHLAUCHWARE:

1 Für geschlossene Ärmel- und Saumbündchen den Bündchenstreifen an den kurzen Kanten rechts auf rechts legen und zum Schlauch zusammennähen.

2 Den Schlauch an den langen Kanten links auf links falten – die Nähte treffen aufeinander. Die nun doppelt liegenden Schnittkanten innerhalb der Nahtzugabe mit Zickzackstichen gedehnt heften.

3 Die offene Bündchen-Kante in vier gleichgroße Abschnitte einteilen: Dafür den Schlauch flach legen, sodass die Naht an einer Seite liegt. Mit Stecknadeln die Naht und die gegenüberliegende Bruchkante markieren. Nun den Schlauch zuerst öffnen, dann die markierten Stellen aufeinanderlegen und die neuen seitlichen Bruchkanten markieren. Die Ansatzkante für das Bündchen ebenso in vier gleiche Teile teilen.

4 Bündchen mit der offenen Kante rechts auf rechts so an die Ansatz-Kante stecken, dass die Stecknadeln (= ¼ Markierungen) aufeinandertreffen. Bündchen gleichmäßig gedehnt annähen.

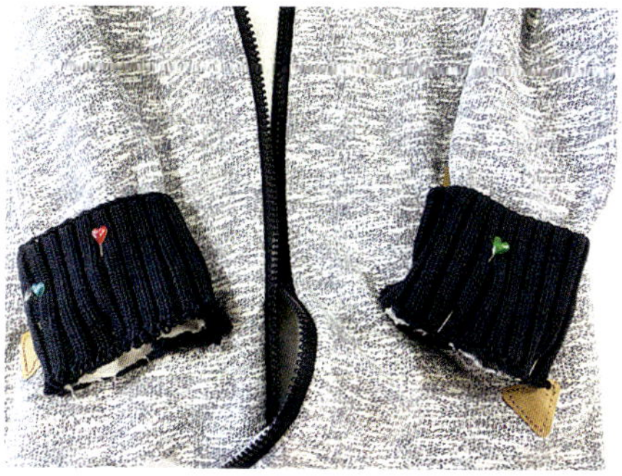

5 Für offenen Saumbündchen die Ansatzkanten nach gleichem Prinzip einteilen, Bündchen gleichmäßig fixieren und annähen.

FERTIGE BÜNDCHENSTREIFEN

1 Die Streifen-Breite am Ärmel- bzw. Saumbündchen-Schnittteil ermitteln und die Weite prüfen. Bei Armloch- oder Kapuzenbündchen nur die halbe Höhe des Schnittteils nehmen.

2 Für geschlossene Ärmel- und Saumbündchen den Bündchenstreifen an den kurzen Kanten rechts auf rechts zur Hälfte legen und zum Schlauch zusammennähen.

3 Weiter nähen, siehe Bündchen-Meterware ab Punkt 3.

ÖSEN, PATCHES & KORDEL ANBRINGEN

1 **Bitte beachten:** Bei der Verwendung einer durchgehenden Kordel in der Kapuze besteht die Gefahr, dass das Kind sich mit der Kordel strangulieren könnte!! Daher beschreibe ich in diesem Buch ausschließlich die ungefährliche Fake-Kordel Variante. Falls, entgegen meiner Empfehlung, eine durchgehende Kordel eingezogen wird, geschieht dies auf eigene Verantwortung!
Falls keine Metall-Ösen gewünscht sind, können Knopflöcher oder genähte Ösen gearbeitet werden. Kordelenden dann knapp neben der Raupennaht festnähen.

2 Es gibt Ösen in unterschiedlichen Größen und Farben. Bei der Auswahl darauf achten, dass die Kordel zum Innendurchmesser der Öse passt! Zum Anbringen einer Öse ist spezielles Werkzeug nötig – siehe Herstellerangaben. Damit Ösen nicht aus dem Stoff ausreißen, den Stoff auf der linken Seite mit aufbügelbarer Einlage oder einem speziellen Einlage-Punkt (siehe Foto) verstärken.

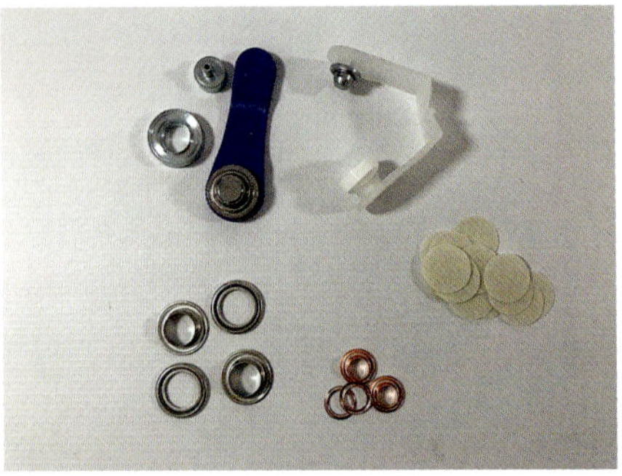

3 Alternativ auf der rechten Stoffseite einen Aufnäher, z. B. aus Leder oder waschbarem Papier, anbringen. Die Öse durch Aufnäher+Stoff einsetzen. Auch fertige Aufnäher mit Lochung oder sogar inkl. Ösen sind erhältlich. Diese von rechts aufnähen und den Stoff unter dem Aufnäher wegschneiden.

4 An der Außenkapuze die Stellen für die Ösen markieren und diese von rechts einsetzen/aufnähen.

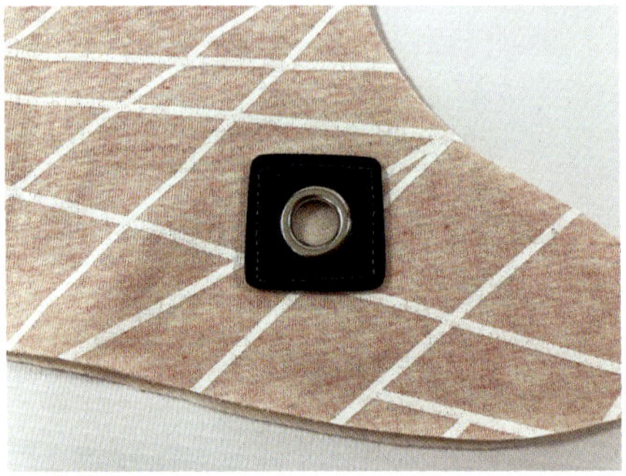

5 Pro Öse ein Kordelstück auf der rechten Stoffseite von oben nach unten durch die Öse stecken. Kordelende von Hand oder mit einigen Steppstichen genau in der Naht des Aufnähers festnähen.

6 Falls lediglich eine Öse eingesetzt wurde, das Kordelende an den Halsrand legen und dort anheften. Beim Annähen der Kapuze wird es dann in der Naht mitgefasst.

7 Das äußere Kordelende verknoten, mit einem Stück Schrumpfschlauch sichern, mit einem Kordelstopper (aus Metall oder Kunststoff) oder durch einen genähten Kordelstopper aus Leder/waschbarem Papier „aufhübschen".

IMPRESSUM

Autorin: Tanja Maier
Fotos & Styling: Florian Bilger Fotodesign
Step-Fotos: Tanja Maier
Schnittmuster: Martina Wüthrich
Produktmanagement & Redaktion: Xenia Kuczera
Lektorat: A. Reuß
Umschlaggestaltung:
Guter Punkt GmbH & Co. KG
Satz: Sabine Vonderstein
Repro: Ludwig:media, Zell am See
Herstellung: Bettina Schippel, Stephanie Schlemmer
Printed in Slovenia by Florjancic

★ ★ ★ ★ ★

Sind Sie mit diesem Titel zufrieden? Dann würden wir uns über Ihre Weiterempfehlung freuen. Erzählen Sie es im Freundeskreis, berichten Sie Ihrem Buchhändler oder bewerten Sie bei Onlinekauf. Und wenn Sie Kritik, Korrekturen, Aktualisierungen haben, freuen wir uns über Ihre Nachricht an:
Christian Verlag, Postfach 40 02 09,
D-80702 München oder per E-Mail an
lektorat@verlagshaus.de.

Unser komplettes Programm finden Sie unter

www.christophorus-verlag.de

HERSTELLER

- Alles für Selbermacher, alles-fuer-selbermacher.de
- Buttinette Textil-Versandhaus GmbH, buttinette.de
- Snaply GmbH, snaply.de
- Stoffe Brünink & Hemmers GmbH, stoffe-hemmers.de

Die Deutsche Nationalbibliothek verzeichnet diese Publikation in der Deutschen Nationalbibliografie; detaillierte bibliografische Daten sind im Internet über http://dnb.d-nb.de abrufbar.

ISBN 978-3-8410-6528-5

Kreativ-Service

Sie haben Fragen zu den Büchern und Materialien? Frau Erika Noll ist für Sie da und berät Sie rund um alle Kreativthemen. Rufen Sie an! Wir interessieren uns auch für Ihre eigenen Ideen und Anregungen. Sie erreichen Frau Noll per E-Mail: **mail@kreativ-service.info** oder Tel.: **+49 (0) 5052 / 91 18 58**

Besuchen Sie uns im Internet: www.christophorus-verlag.de

Tanja Maier

FRECHE HOODIES für coole Kids

Pullis, Jacken, Kleider & Overalls selbst genäht

INHALT

COOLE KINDER-HOODIES SELBST GENÄHT!

Während das Nähen während der Schulzeit noch ein lästiges Muss für mich war, kam mit dem Mama-Dasein der Spaß am Nähen zurück. Kinderbekleidung und passende Accessoires zu nähen, wurde zu einer großen Leidenschaft, sodass ich mich 2013 mit meinem Label www.sarajulez.de selbstständig machte. Als mich dann die Anfrage erreichte, ob ich nicht Lust hätte, ein Nähbuch zum Thema „Hoodies" zu machen, war ich von der Idee gleich begeistert. Die Gestaltung der Schnitte, der Texte und die Planung haben sehr viel Spaß gemacht, auch wenn es für mich als Quereinsteigerin nicht immer ganz so einfach war.

In diesem Buch findet sich nun eine tolle Modell-Auswahl für Jungs und Mädchen in den Konfektionsgrößen 104-134. Ob Kleidchen, Romper, Shirt oder kuschliger Hoodie – jedes Modell hat eine Kapuze und sieht superstylish aus! Natürlich sind die Schnitte alltagstauglich und zudem tolle Basics, die du mit ein bisschen Geschick auch ganz einfach noch pimpen oder abwandeln kannst. Das Buch ist ein absolutes Must-have für alle Freunde von cooler und alltagstauglicher Kinder-Kleidung!

Ein besonderer Dank gilt meiner tollen Direktrice M. Wüthrich, die mich bei diesem Projekt wieder einmal super unterstützt hat. Mein Nähteam mit den fleißigen Mädels Mandy Kühn, Jannette Ziegler, Sabrina Reber, Katharina Pasternak, Kerstin Dostal, Katharina Korbela, Tanja Lieder, Barbara Toerschen, Nicole Lüdi, Melanie Nielebock, Hannah Ströder und viele mehr haben mich bei diesem Projekt tatkräftig unterstützt. Danke dafür!

Ich wünsche viel Spaß beim Nähen und freue mich über tolle Werke!

Tanja Maier

SARA & JULEZ®

ALLGEMEINES

= einfach

= etwas kniffliger

= anspruchsvoll

GRUNDAUSSTATTUNG

Folgende Dinge werden generell benötigt und sind in den Anleitungen nicht noch einmal gesondert aufgeführt:

- Nähmaschine
- Maßband und Lineal
- Schnittmusterpapier & Stift/Kopierrädchen
- Schneiderkreide, Markierstifte
- Schneiderschere und kleine Handarbeitsschere
- Steck-, Näh- und Sicherheitsnadeln
- Bügeleisen & Bügeltuch

STOFF

Vor allem bei Kinderbekleidung ist die Stoffqualität wichtig. Möglichst wenig Chemie und gut für die empfindliche Kinderhaut soll es sein. Der GLOBAL ORGANIC TEXTILE STANDARD (GOTS) ist der international anerkannte Standard für die Verarbeitung und Herstellung von Textilien aus biologisch erzeugten natürlichen Fasern. Auf hohem Niveau definiert er umwelttechnische Anforderungen entlang der gesamten textilen Produktionskette und fordert gleichzeitig die Einhaltung von Sozialkriterien.

Es ist empfehlenswert, jeden Stoff vor dem Zuschnitt zu waschen und zu bügeln, denn viele Stoffe laufen durch die Wäsche ein. Die Mengenangaben für die verschiedenen Größen stehen durch Schrägstriche getrennt hintereinander.

SCHNITTMUSTER ABPAUSEN

In der Modellanleitung ist angegeben, auf welchem Arbeitsbogen die benötigten Schnittteile in Originalgröße zu finden sind, sowie die Farbe, in der diese gedruckt sind z. B. → Schnittbogen B in Schwarz. Jedes Schnittteil hat eine Nummer z. B. → 1a Vorderteil. An der unteren und oberen Längsseite des Bogens befindet sich je ein Balken mit Zahlen. Diese Zahlen entsprechen den Schnittteilnummern. Fährt man nun rechtwinklig von der entsprechenden Zahl nach oben bzw. unten in den Schnittbogen hinein, stößt man auf die gleiche, fettgedruckte Zahl. Diese liegt an einer Linie des entsprechenden Schnittteils. Die Linie wählen, die der Konfektionsgröße entspricht. Das Schnittteil auf Schnittpapier oder -folie durchpausen.

Wichtig: Alle Schnitt-Markierungen und Beschriftungen übertragen.

Die Zuschneidepläne beim Modell zeigen, wie die Schnittteile auf die verschiedenen Stoffe aufgelegt werden. Teile in doppelter Stofflage sind weiß, Teile in einfacher Stofflage sind gefärbt.

MASSTABELLE

Die Modelle in diesem Buch sind locker sitzend geschnitten. Um die richtige Größe zu ermitteln, bitte an der Maßtabelle orientieren. Bei Kindern sind vor allem die Körperhöhe, sowie der Brustumfang ausschlaggebend für eine optimale Passform.

Tipp: Bei Unsicherheit einfach ein ähnliches, gut passendes Kleidungsstück auswählen und mit den Schnittteilen vergleichen.

NAHT- UND SAUMZUGABEN

Bei allen Schnittteilen in diesem Buch sind Nahtzugaben von 0,8 cm (Breite der durchschnittlichen Overlocknaht) enthalten. Saumzugaben sind ebenfalls enthalten und mit einer Markierung versehen.

MASSTABELLE **Sara & Julez** **Körpermasse**

Grössen KIKO 104 - 134

Alter		4Jahre	5Jahre	6Jahre	7Jahre	8Jahre	9Jahre
GRÖSSE		**104**	**110**	**116**	**122**	**128**	**134**
Oberweite	1	29	29,5	30	31,5	33	34,5
Taillenweite	2	26,9	27,2	27,5	28,75	30	31,3
Hüftweite	3	30,4	31,2	32	33,5	35	36,5
Seitenlänge	4	58,5	63	67,5	71,5	75,5	79,5
Körperhöhe	5	104	110	116	122	128	134

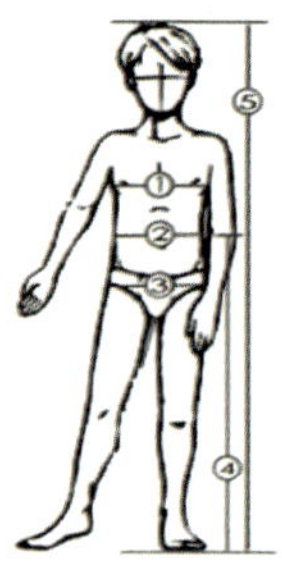

Die Werte 1-3 der Tabelle beziehen sich auf den halben Körperumfang!

KLEID IN A-LINIE

Größen: 104/ 110/ 116/ 122/ 128/ 134 • Schwierigkeit: ✪✪✪ • Schnittteile 1a-e auf Bogen C in Rot

Perfekt geeignet für kleine Trendsetterinnen ist dieses zuckersüße Lama-Hoodie-Kleidchen!

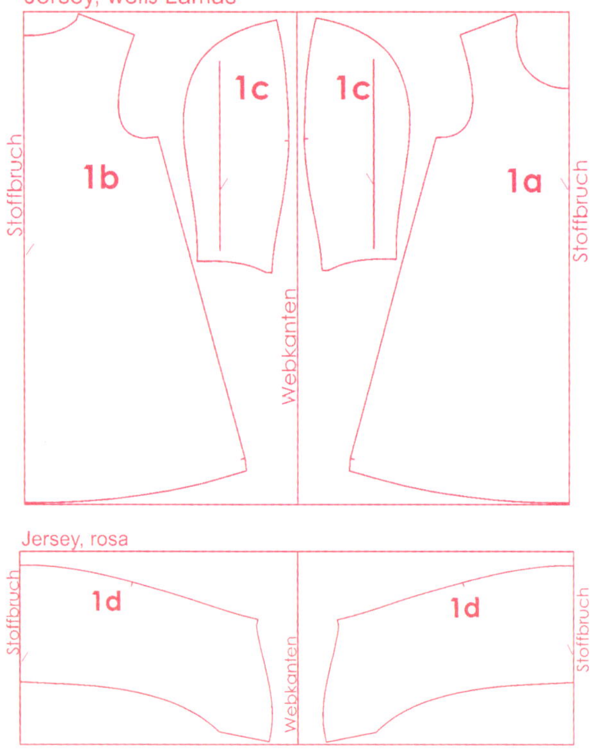

MATERIAL

- Jersey, weiß mit Lamas, 140 cm breit, 60/ 65/ 65/ 65/ 70/ 75 cm
- Jersey, rosa, 140 cm breit, 30/ 35/ 35/ 35/ 35/ 35 cm
- Bündchenware, rosa, 40 cm breit, 8 cm für alle Größen
- Borte, weiß, 3 cm breit, 105/ 110/ 110/ 115/ 120/ 125 cm

ZUSCHNEIDEN

Jersey, weiß Lamas

- 1a Vorderteil
- 1b Rückenteil
- 1c Kapuze, hinten

Jersey, rosa

- 1d Kapuze, vorne

Bündchenware

- 1e Armlochbündchen

NÄHEN

! Alle Nähte mit einer Overlock-Nähmaschine oder alternativ mit einem elastischen (Zickzack-)Stich der Haushalts-Nähmaschine + Versäuberungsnaht nähen.

1 Vorder- und Rückenteil rechts auf rechts aufeinanderlegen. Schulter- sowie Seitenkanten fixieren und zusammennähen 1.

2 Armlochbündchen annähen, siehe 76 2.

3 Je zwei hintere Kapuzenteil-Paare rechts auf rechts aufeinanderlegen und an der äußeren Rundung zusammennähen 3.

4 Je ein vorderes Kapuzenteil an der senkrechten Teilungskante rechts auf rechts an ein hinteres Kapuzenteil legen – die obere Mitte des vorderen Kapuzenteils trifft auf die Naht des hinteren Kapuzenteils – fixieren und die Naht schließen. Die Nahtzugaben der Längsnähte nach hinten bügeln und die Naht von rechts knappkantig absteppen. Die kurzen Kanten in der vorderen Mitte der vorderen Kapuzenteile rechts auf rechts zusammennähen. Nahtzugaben der vorderen Mitte auseinanderbügeln 4.

5 Beide Kapuzen rechts auf rechts ineinanderlegen und die vorderen Kanten rundum zusammennähen. Kapuzenteile links auf links wenden. Die vordere Kante im Nahtbruch flach bügeln 5.

6 Die Kapuze mit der Halskante rechts auf rechts an den Halsausschnitt des Kleides legen, ringsum gut fixieren und festnähen 6.

7 Den unteren Kleidrand 0,75 cm breit nach links umbügeln, dann nochmals 0,75 cm breit umbügeln und den Umschlag fixieren. Die Borde mit der geraden Kante deckungsgleich mit der inneren Bruchkante unter den Umschlag legen und fixieren. Saum von rechts knappkantig absteppen und dabei die Borte mitfassen.

1

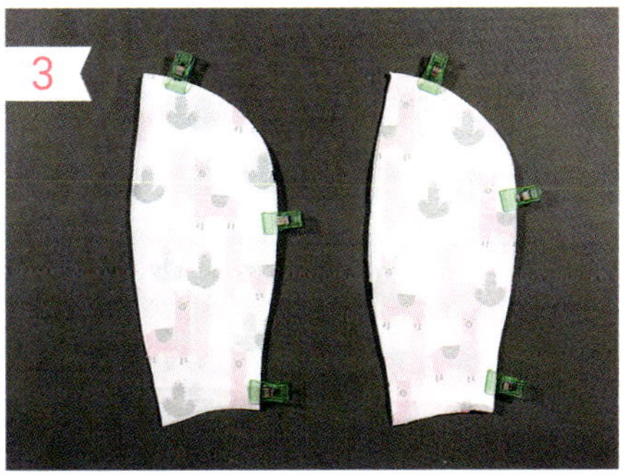
3

5

2

4

6

NO DRAMA
Lama

HOODIE COOL GETEILT

Größen: 104/ 110/ 116/ 122/ 128/ 134 • Schwierigkeit: ★★☆ • Schnittteile 2a-h auf Bogen A in Schwarz

Cool und knallig kommt dieser bequeme Hoodie daher. Die perfekte Wahl an kalten Tagen!

Jersey oder Sweat, schwarz-weiß gestreift

Jersey oder Sweat, senfgelb

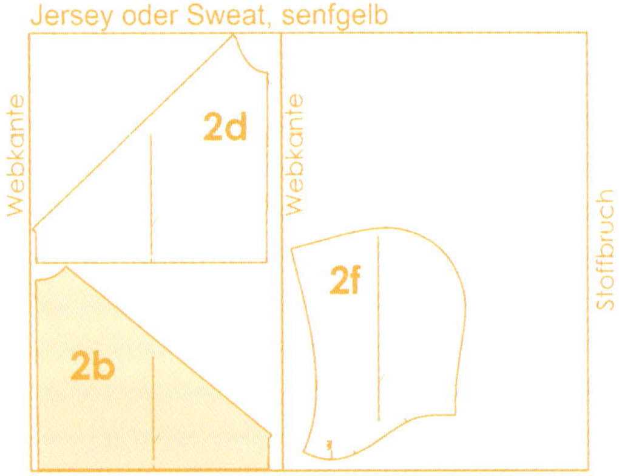

Bündchenware

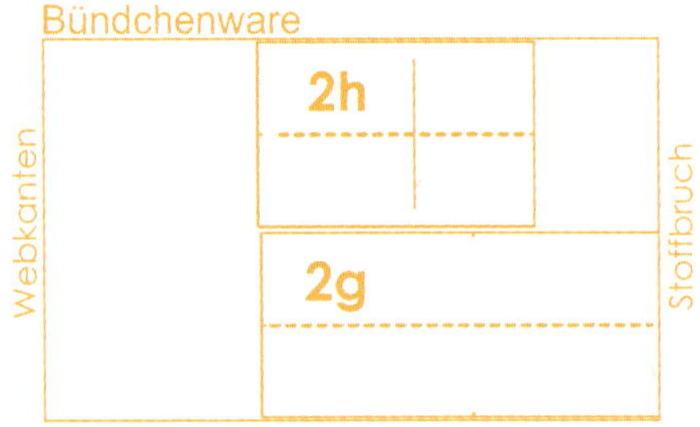

MATERIAL

- Jersey oder Sweat, schwarz-weiß gestreift, 140 cm breit, 80/ 80/ 85/ 90/ 95/ 100 cm
- Jersey oder Sweat, senfgelb, 140 cm breit, 70/ 70/ 70/ 75/ 75/ 80 cm
- Bündchenware, grau, ca. 90 cm breit, 30/ 30/ 30/ 35/ 36/ 35 cm oder (wie hier) Fertigbündchen in Breite der Schnittteile
- Plottermotiv (optional, siehe Seite 75)

ZUSCHNEIDEN

Jersey oder Sweat, schwarz-weiß gestreift

- 2a Vorderteil, oben
- 2c Rückenteil, oben
- 2e Ärmel
- 2f Kapuze

Jersey oder Sweat, senfgelb

- 2b Vorderteil, unten
- 2d Rückenteil, unten
- 2f Kapuze

Bündchenware:

- 2g Saumbündchen
- 2h Ärmelbündchen

NÄHEN

! Alle Nähte mit einer Overlock-Nähmaschine oder alternativ mit einem elastischen (Zickzack-)Stich der Haushalts-Nähmaschine + Versäuberungsnaht nähen.

1 Das obere und das untere Vorderteil mit den rechten Seiten nach oben zeigend auslegen 1.

2 Das obere Vorderteil rechts auf rechts über das untere Vorderteil legen und an der Teilung zusammenstecken. Die Kanten zusammennähen. Die Teile auffalten, die Nahtzugaben in das Oberteil bügeln. Die Naht von rechts mit einem Geradstich absteppen. Oberes und unteres Rückenteil ebenso nähen 2.

3 Das Vorderteil rechts auf rechts auf das Rückenteil legen und die Schulternähte schließen 3.

4 Beide Teile wieder auseinanderfalten und aufgeklappt, mit der rechten Seite nach oben zeigend, auslegen. Einen Ärmel rechts auf rechts an den passenden Armausschnitt legen, gemäß den Markierungen feststecken und einnähen. Den zweiten Ärmel ebenso am anderen Armausschnitt einnähen 4.

5 Vorder- und Rückenteil wieder rechts auf rechts aufeinanderlegen, Ärmel zur Hälfte legen. Die Seiten- und die Ärmelnaht jeweils durchgehend schließen 5.

6 Jeweils die gleichfarbigen Kapuzenschnittteile rechts auf rechts aufeinanderlegen und an der äußeren Rundung zusammennähen. Die Nähte von rechts knappkantig absteppen 6.

7 Beide Kapuzen rechts auf rechts ineinanderlegen und die vorderen Kanten zusammennähen. Kapuzenteile links auf links wenden. Die vordere Kante im Nahtbruch flach bügeln und ab Kante 1,5 cm breit absteppen. 7

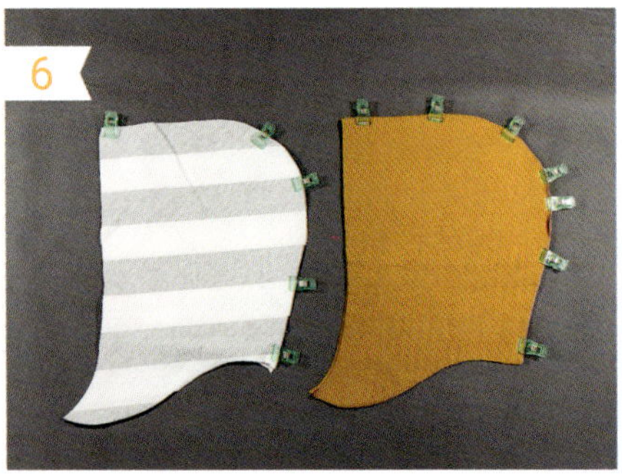

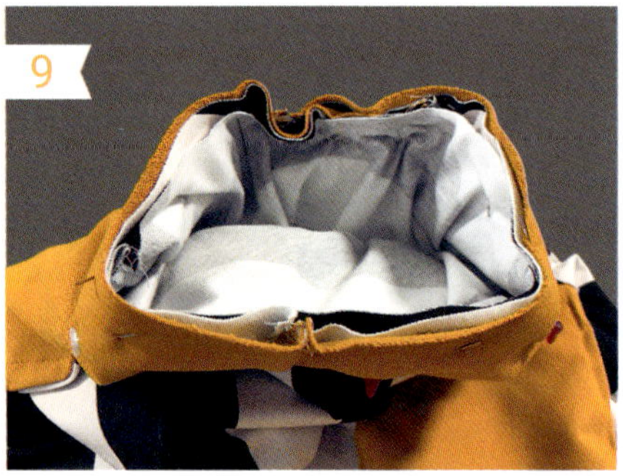

8 Die Kapuze mit der Halskante rechts auf rechts an den Halsausschnitt des Pullovers legen. Dafür die Kapuzenmittelnaht in der Mitte des hinteren Halsausschnittes feststecken, dann die Kapuzenkanten zu beiden Seiten nach vorne legen 8.

9 Die Kapuze gemäß den Markierungen ringsum gut feststecken – im vorderen Bereich des Halsausschnittes überlappen sich die Kapuzenkanten – dann rundum festnähen 9.

10 Ärmelbündchen und Saumbündchen annähen, siehe Seite 76 10.

NO DRAMA
Lama

NIEDLICHER GIRL-HOODIE MIT FRECHER ÜBERLAPPUNG

Größen: 104/ 110/ 116/ 122/ 128/ 134 • Schwierigkeit: ✪✪✪ • Schnittteile 6a-g auf Bogen B in Blau

No drama Lama! Dieser Hoodie ist Programm, denn dank seines lässigen Schnittes wird er schnell zum Lieblingsteil.

Sweat, grau mit weißen Linien

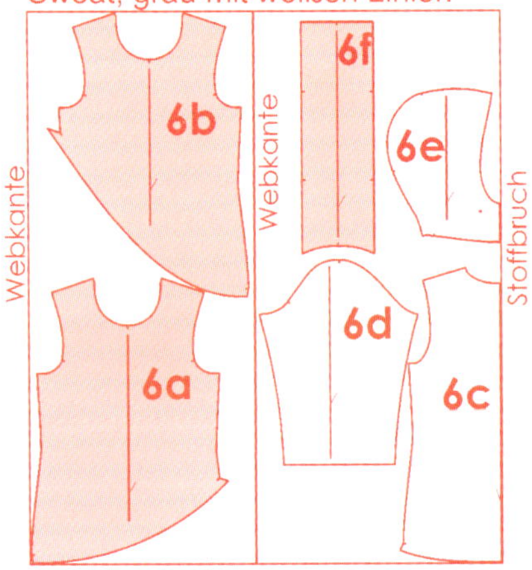

Sweat, rosa

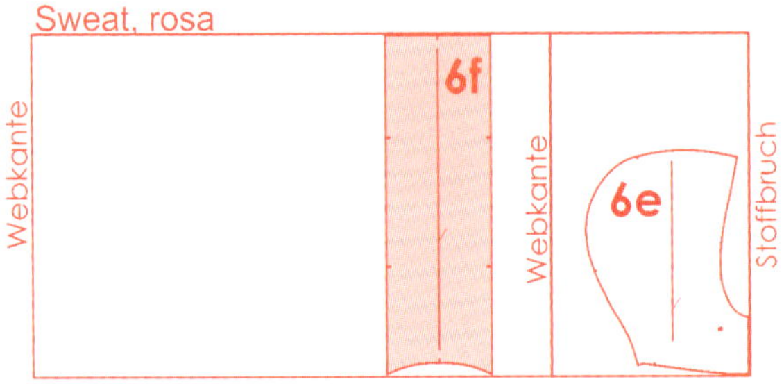

MATERIAL

- Sweat, grau mit weißen Linien, 140 cm breit, 90/ 100/ 105/ 110/ 115/ 125 cm
- Sweat, rosa, 140 cm breit, 50 cm für alle Größen
- Bündchenware, rosa, 40 cm breit, 20 cm für alle Größen
- Ösen, Patches & Kordel in passenden Farben, siehe Seite 77
- Plottermotiv/Applikation nach Wunsch

ZUSCHNEIDEN

Sweat, grau mit weißen Linien

- 6a Vorderteil (obere Lage)
- 6b Vorderteil (untere Lage)
- 6c Rückenteil
- 6d Ärmel
- 6e Kapuze (Seite)
- 6f Kapuze (Mitte)

Sweat, rosa

- 6e Kapuze (Seite)
- 6f Kapuze (Mitte)

Bündchenware

- 6g Ärmelbündchen

NÄHEN

! Alle Nähte mit einer Overlock-Nähmaschine oder alternativ mit einem elastischen (Zickzack-)Stich der Haushalts-Nähmaschine + Versäuberungsnaht nähen.

1 An beiden Vorderteilen die unteren Kanten versäubern, laut Markierung nach links umschlagen und ab Bruchkante füßchenbreit absteppen. Nach Wunsch das obere Vorderteil mit einer Applikation oder einem Plotterbild verzieren 1a + 1b.

2 Das obere Vorderteil links auf rechts auf das untere Vorderteil legen – die Seiten sowie die oberen Schnittkanten liegen deckungsgleich. Die Seiten und die Schulterkanten fixieren und innerhalb der Nahtzugabe mit großen Geradstichen aufeinanderheften 2.

3 Am Rückenteil die untere Kante versäubern, laut Markierung nach links umschlagen und ab Bruchkante füßchenbreit absteppen 3.

4 Das Vorderteil rechts auf rechts auf das Rückenteil legen und die Schulternähte schließen 4.

5 Beide Teile wieder auseinanderfalten und aufgeklappt, mit der rechten Seite nach oben zeigend, auslegen. Einen Ärmel rechts auf rechts an den passenden Armausschnitt legen, gemäß den Markierungen fixieren und einnähen. Den zweiten Ärmel ebenso am anderen Armausschnitt einnähen 5a + 5b.

6 Vorder- und Rückenteil wieder rechts auf rechts aufeinanderlegen, Ärmel zur Hälfte legen. Die Seitennaht und die Ärmelnaht jeweils durchgehend schließen 6.

7 Den grauen Kapuzenmittelstreifen mit einer langen Kante rechts auf rechts an eine hintere Rundung des grauen Kapuzenseitenteils legen, fixieren und annähen 7.

8 Die zweite lange Kante des Mittelstreifens genauso an die gegenüberliegende hintere Rundung des Kapuzenseitenteils nähen 8a + 8b.

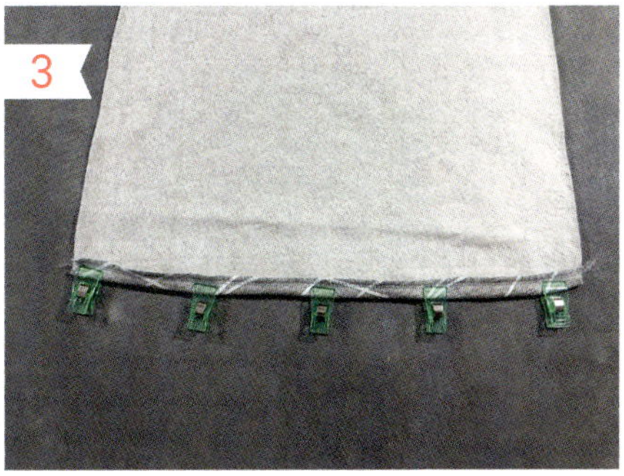

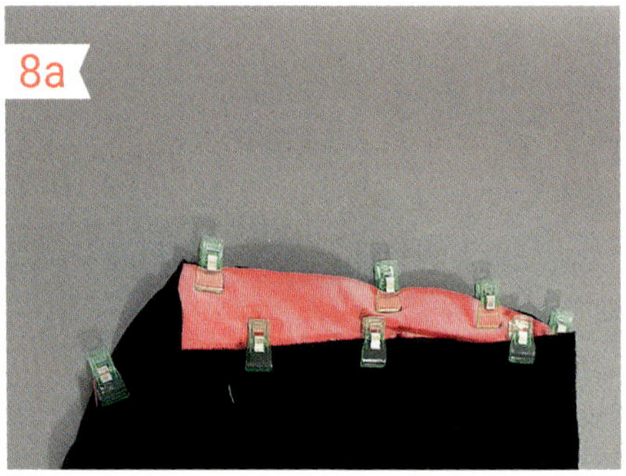

9 Ösen und Kordel an der grauen Kapuze anbringen, siehe Seite 77 9.

10 Die Innenkapuze mit den rosafarbenen Teilen wie die Außenkapuze nähen. Kapuzen rechts auf rechts ineinanderlegen und die vorderen Kanten (= Gesichtsöffnung) rundum zusammennähen. Kapuzenteile links auf links wenden. Die vordere Kante im Nahtbruch flach bügeln 10.

11 Die Kapuze rechts auf rechts über den Halsausschnitt stülpen, den Halsrand kantenbündig fixieren und annähen 11.

12 Ärmelbündchen annähen, siehe Seite 76 12.

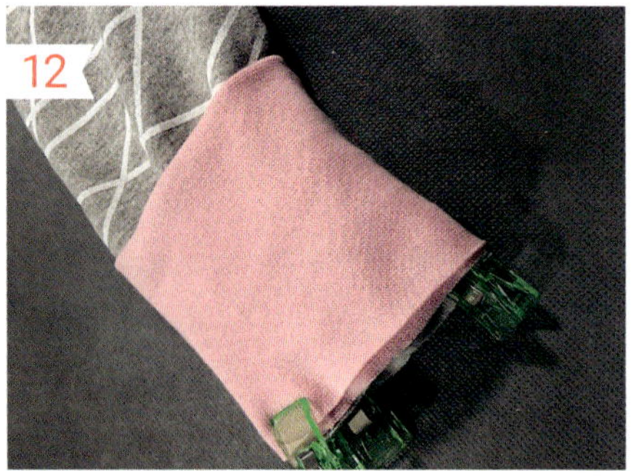

STYLISHER PULLUNDER

Größen: 104/ 110/ 116/ 122/ 128/ 134 • Schwierigkeit: ✪✪✪
• Schnittteile 3a-g auf Bogen A in Schwarz

Cool, cooler – Pullunder! Dieser flotte Hoodie ist ein wahrer Allrounder und lässt sich mit und ohne Shirt kombinieren.

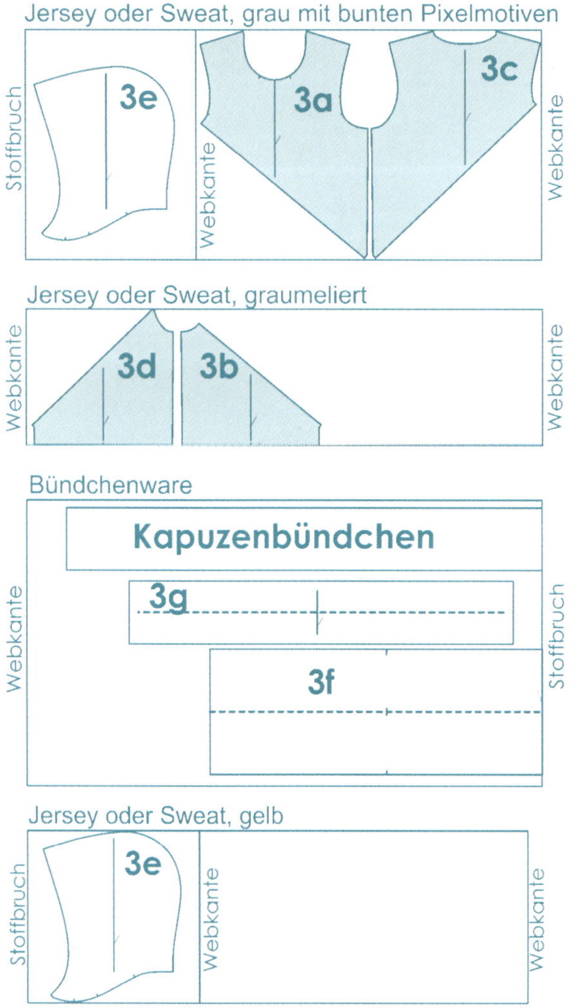

MATERIAL

- Jersey oder Sweat, grau mit bunten Pixelmotiven, 140 cm breit, 45/ 50/ 50/ 50/ 80/ 80 cm
- Jersey oder Sweat, graumeliert, 140 cm breit, 40/ 40/ 40/ 40/ 40/ 45 cm
- Jersey oder Sweat, gelb, 140 cm breit, 40/ 40/ 40/ 40/ 40/ 45 cm
- Bündchenware, grau, ca. 90 cm breit, 25 cm für alle Größen
- Plottermotiv oder fertiges Applikationsmotiv (optional)

ZUSCHNEIDEN

Jersey oder Sweat, grau mit bunten Pixelmotiven
- 3a Vorderteil, oben
- 3c Rückenteil, oben
- 3e Kapuze

Jersey oder Sweat, graumeliert
- 3b Vorderteil, unten
- 3d Rückenteil, unten

Jersey oder Sweat, gelb
- 3e Kapuze

Bündchenware
- 3f Saumbündchen
- 3g Armlochbündchen
- Kapuzenbündchen: Länge wie vordere Kapuzenkante multipliziert mit 0,9 x 4 cm

NÄHEN

! Alle Nähte mit einer Overlock-Nähmaschine oder alternativ mit einem elastischen (Zickzack-)Stich der Haushalts-Nähmaschine + Versäuberungsnaht nähen.

1 Falls gewünscht, das Plottermotiv/Applikation auf dem unteren Vorderteil anbringen. Das obere und das untere Vorderteil mit den rechten Seiten nach oben zeigend auslegen 1.

2 Das untere Vorderteil rechts auf rechts auf das obere Vorderteil legen und an der Teilung zusammenstecken. Die Kanten zusammennähen. Die Teile auffalten, die Nahtzugaben in das Unterteil bügeln. Die Naht von rechts mit einem Geradestich absteppen. Unteres und oberes Rückenteil ebenso nähen 2.

3 Das Vorderteil rechts auf rechts auf das Rückenteil legen, die Schulterkanten fixieren und schließen. Dann ebenso die Seiten nähen 3.

4 Jeweils die gleichfarbigen Kapuzenteile rechts auf rechts aufeinanderlegen und an der äußeren Rundung zusammennähen. Auch hier die Nähte von rechts knappkantig absteppen 4.

5 Das Kapuzen-Bündchen links auf links zur Hälfte falten, die langen Schnittkanten aufeinanderstecken oder heften. Bündchen rechts auf rechts an die vordere Kante einer Kapuze legen, gleichmäßig über die gesamte Strecke gedehnt fixieren und annähen. Beide Kapuzen rechts auf rechts ineinanderlegen und die vorderen Kanten zusammennähen. Kapuzenteile links auf links wenden. Die vordere Kante flach bügeln und ab Naht knappkantig absteppen 5.

6 Die Kapuze mit der Halskante rechts auf rechts an den Halsausschnitt des Pullunders legen. Dafür die Kapuzenmittelnaht in der Mitte des hinteren Halsausschnittes feststecken, dann die Kapuzenkanten zu beiden Seiten nach vorne legen 6.

7 Die Kapuze gemäß den Markierungen ringsum gut feststecken – im vorderen Bereich des Halsausschnittes überlappen sich die Kapuzenkanten – dann rundum festnähen 7.

8 Armlochbündchen und Saumbündchen annähen, siehe Seite 76.

1

2

3

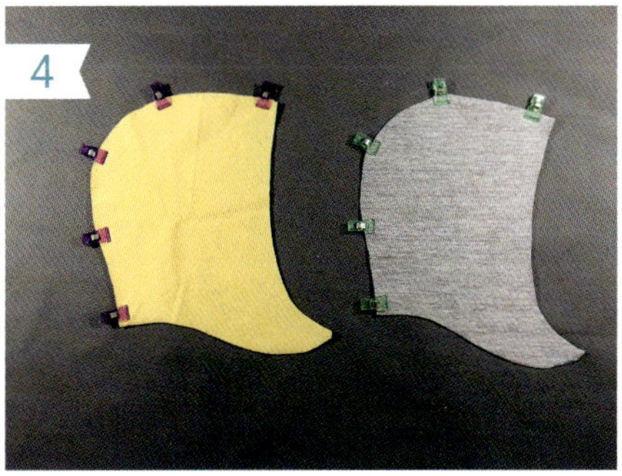
4

5

6

7

LUFTIG LEICHTER SOMMER-ROMPER

Größen: 104/ 110/ 116/ 122/ 128/ 134 • Schwierigkeit: ✪✪✪ • Schnittteile 4a-f auf Bogen B in Schwarz

Sommerlich und super bequem ist dieser Jumpsuit und daher nicht nur beim Toben auf dem Spielplatz ein toller Begleiter.

Jersey, weiß mit bunten Motiven

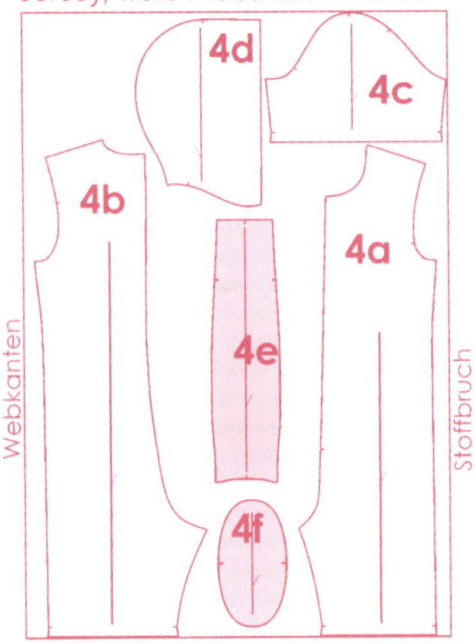

Jersey, rosa

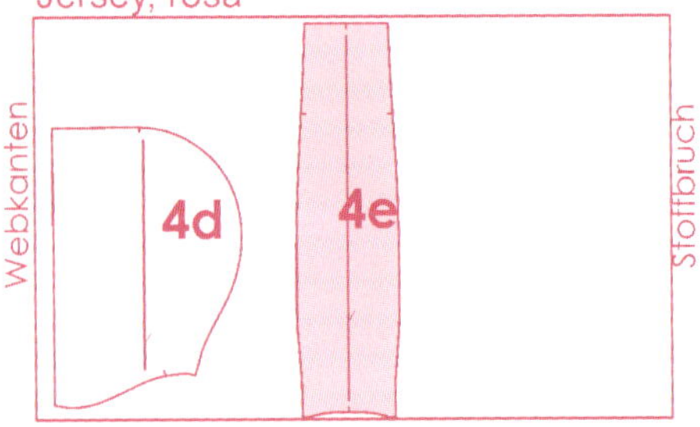

MATERIAL

- Jersey, weiß mit bunten Motiven, 140 cm breit, 90/ 95/ 100/ 105/ 110/ 115 cm
- Jersey, rosa, 140 cm breit, 45/ 45/ 50/ 50/ 50/ 50 cm
- Reißverschluss, nicht teilbar, 32,5/ 34,5/ 36,5/ 38,5/ 40,5/ 42,5 cm

ZUSCHNEIDEN

Bitte beachten:
Die Schnittteile 4a und 4b liegen jeweils in zwei Teilen auf dem Bogen!

Jersey, weiß mit bunten Motiven

- 4a Vorderteil
- 4b Rückenteil
- 4c Ärmel
- 4d Kapuze (Seite)
- 4e Kapuze (Mitte)
- 4f Kinnschutz

Jersey, rosa

- 4d Kapuze (Seite)
- 4e Kapuze (Mitte)

1

4

2a

5

2b

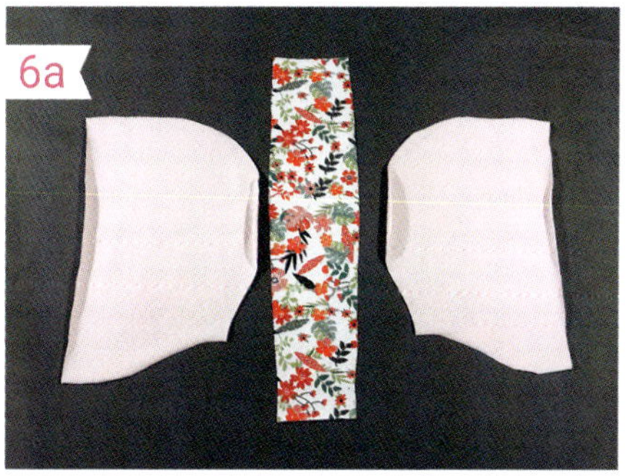

6a

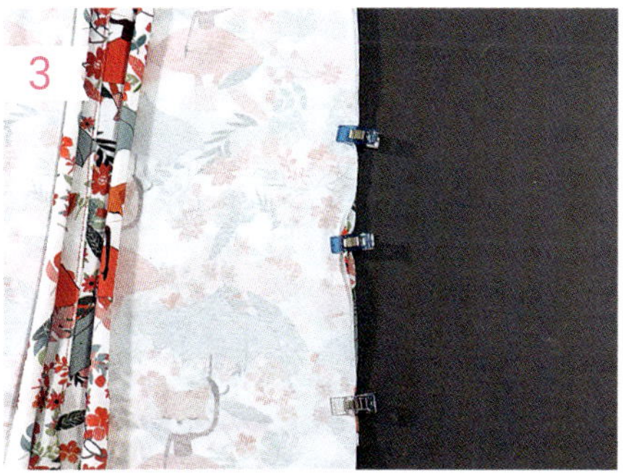

3

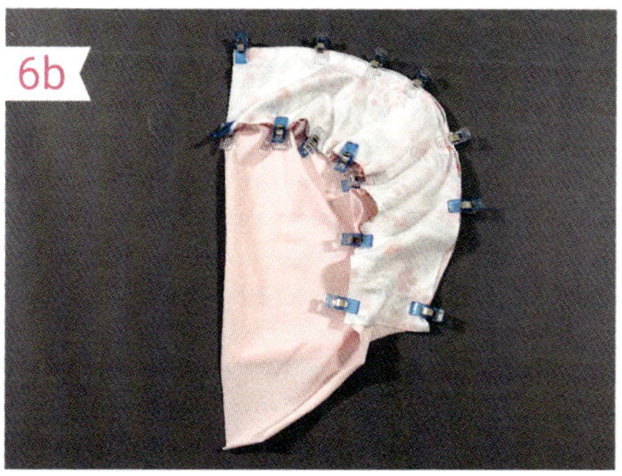

6b

NÄHEN

! Alle Nähte mit einer Overlock-Nähmaschine oder alternativ mit einem elastischen (Zickzack-)Stich der Haushalts-Nähmaschine + Versäuberungsnaht nähen.

1 Die Rückenteile rechts auf rechts aufeinanderlegen, die Kanten der hinteren Mitte fixieren und zusammennähen. Die Vorderteile rechts auf rechts auf das Rückenteil legen und die Schulternähte schließen 1.

2 Beide Teile wieder auseinanderfalten und aufgeklappt, mit der rechten Seite nach oben zeigend, auslegen. Einen Ärmel rechts auf rechts an den passenden Armausschnitt legen, gemäß den Markierungen feststecken und einnähen. Den zweiten Ärmel ebenso am anderen Armausschnitt einnähen 2a + 2b.

3 Vorder- und Rückenteil wieder rechts auf rechts aufeinanderlegen, Ärmel zur Hälfte legen. Die Seiten- und die Ärmelnaht jeweils durchgehend schließen 3.

4 Die Vorderteile rechts auf rechts aufeinanderlegen und die Kanten der vorderen Mitte deckungsgleich fixieren. Die vordere Schrittnaht bis zur Reißverschlussmarkierung schließen. Das Nahtende gut sichern 4!

5 Vorder- und Rückteil wieder rechts auf rechts legen. Die Kanten der Beininnenseiten deckungsgleich fixieren und durchgehend zusammennähen 5.

6 Innenkapuze: Den bunten Kapuzenmittelstreifen mit einer langen Kante rechts auf rechts an die hintere Rundung eines rosafarbenen Kapuzenseitenteils legen, fixieren und annähen. Dann die zweite lange Kante des Mittelstreifens genauso an die hintere Rundung des zweiten rosafarbenen Kapuzenseitenteils nähen. Nahtzugaben in die Seitenteile bügeln und die Nähte von rechts knappkantig absteppen 6a + 6b.

7 Die Außenkapuze mit den kontrastierenden Kapuzenteilen wie die Innenkapuze nähen. Kapuzen rechts auf rechts ineinanderlegen und die vorderen Kanten zusammennähen. Kapuzen links auf links wenden. Die vordere Kante im Nahtbruch flach bügeln und ab Bruchkante 1 cm breit absteppen 7.

8 Die Kapuze mit der Halskante laut Markierungen rechts auf rechts an den Halsausschnitt des Rompers legen – dabei beachten, dass an den vorderen Kanten der Vorderteile die Nahtzugabe für den Reißverschluss frei bleibt! Schnittkanten fixieren und zusammennähen 8.

9 An den vorderen Kanten den Reißverschluss plus Kinnschutz einnähen, siehe Seite 75 9.

10 Die unteren Ärmelkanten versäubern, laut Markierung nach links umschlagen, fixieren und ab Bruchkante fußbreit feststeppen 10.

11 In gleicher Weise die unteren Beinkanten säumen.

7
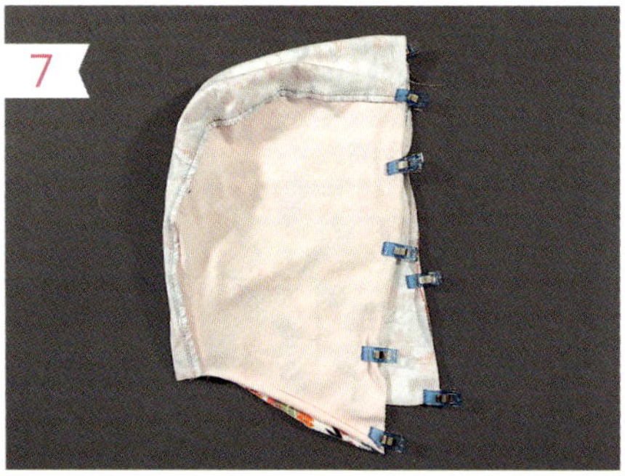

9

8

10
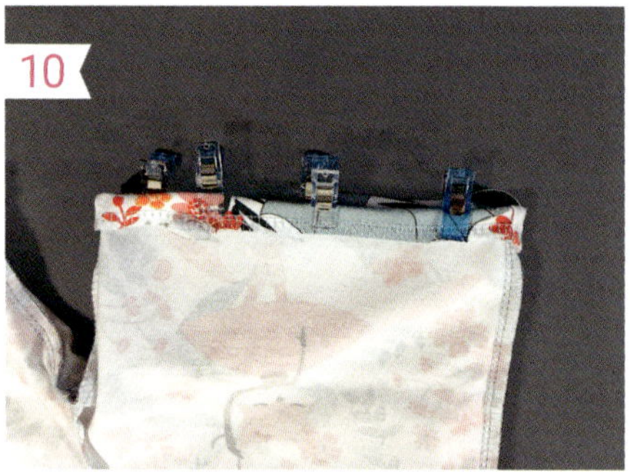

SUPERCOOLE WESTE FÜR ENTDECKER

Größen: 104/ 110/ 116/ 122/ 128/ 134 • Schwierigkeit: ✪✪✪ • Schnittteile 5a-h auf Bogen C in Schwarz

Kombiniert mit einem schlichten Ringelshirt ist diese Hoodie-Weste ein wahrer Hingucker. Und in den Taschen lassen sich allerlei Schätze verstecken.

Sweat, weiß mit Hubschraubern

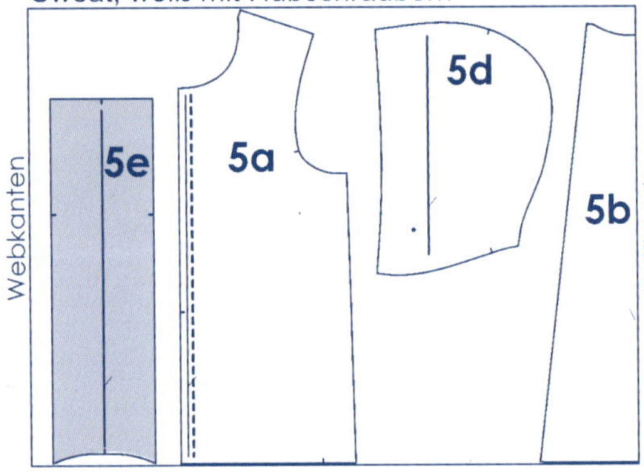

Sweat, hellblau

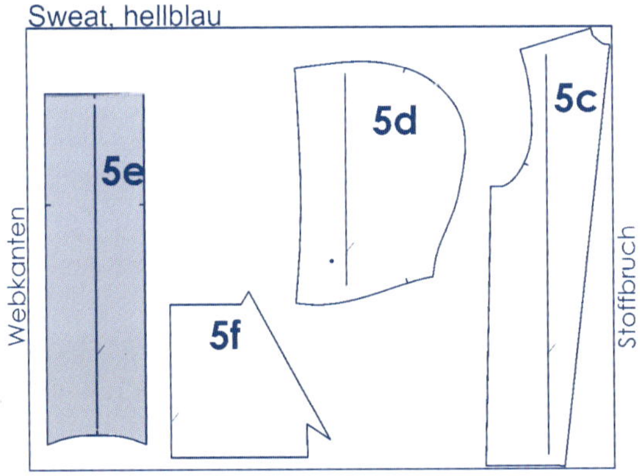

Bündchenware

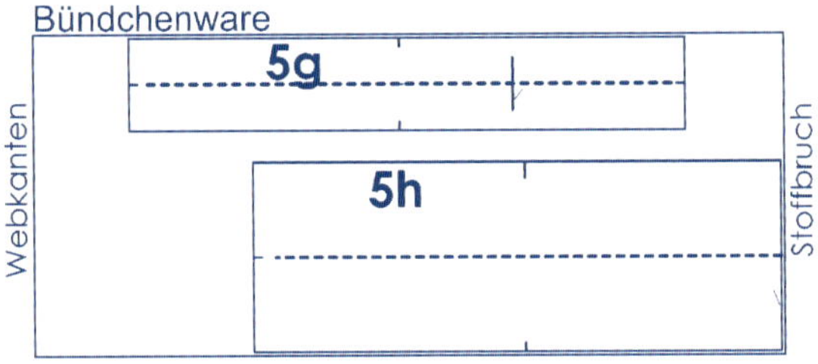

MATERIAL

- Sweat, weiß mit Hubschraubern, 140 cm breit, 50/ 50/ 55/ 55/ 60/ 60 cm
- Sweat, hellblau, 140 cm breit, 50/ 50/ 55/ 55/ 60/ 60 cm
- Bündchenware, dunkelblau, ca. 90 cm breit, 20 cm für alle Größen
- Reißverschluss, teilbar, 46/ 49/ 51,5/ 54/ 56,5/ 59 cm

ZUSCHNEIDEN

Sweat, weiß mit Hubschraubern

- 5a Vorderteil
- 5b Rückenteil (Mitte)
- 5d Kapuze (Seite)
- 5e Kapuze (Mitte)

Sweat, hellblau

- 5c Rückenteil (Seite)
- 5d Kapuze (Seite)
- 5e Kapuze (Mitte)
- 5f Tasche

Bündchenware

- 5g Armlochbündchen
- 5h Saumbündchen

NÄHEN

! Alle Nähte mit einer Overlock-Nähmaschine oder alternativ mit einem elastischen (Zickzack-)Stich der Haushalts-Nähmaschine + Versäuberungsnaht nähen.

1 Das mittlere Rückenteil und die seitlichen Rückenteile mit den rechten Seiten nach oben zeigend auslegen 1.

2 Die seitlichen Rückenteile rechts auf rechts auf das mittlere Rückenteil legen und an den schrägen Kanten fixieren 2. Die Kanten zusammennähen. Das Rückenteil auffalten, die Nahtzugaben in das mittlere Rückenteil bügeln und die Nähte von rechts knappkantig absteppen.

3 An den Taschen die Eingriffkanten versäubern und laut Markierung nach links umbügeln. Die Umschläge von rechts feststeppen. Die Nahtzugaben der oberen und seitlichen Taschenkanten nach links umbügeln. Die Taschen gemäß Markierung auf die Vorderteile stecken und die oberen und seitlichen Taschenkanten knappkantig aufsteppen. Die vordere und die untere Taschenkante innerhalb der Nahtzugabe auf das Vorderteil heften 3.

4 Die Vorderteile rechts auf rechts auf das Rückenteil legen. Schulter- sowie Seitenkanten jeweils fixieren und zusammennähen 4.

5 Das Saumbündchen annähen, siehe 76 5.

6 Die Armlochbündchen annähen, siehe 76 6.

7 Innenkapuze: Den Kapuzenmittelstreifen mit einer langen Kante rechts auf rechts an die hintere Rundung eines Kapuzenseitenteils legen, fixieren und annähen. Dann die zweite lange Kante des Mittelstreifens genauso an die hintere Rundung des zweiten Kapuzenseitenteils nähen. Nahtzugaben in die Seitenteile bügeln und die Nähte von rechts knappkantig absteppen 7.

8 Die Außenkapuze mit den hellblauen Kapuzenteilen wie die Innenkapuze nähen. Kapuzen rechts auf rechts ineinanderlegen und die vorderen Kanten zusammennähen. Kapuzen links auf links wenden. Die vordere Kante im Nahtbruch flach bügeln und ab Bruchkante 1 cm breit absteppen 8.

9 Die Kapuze mit der Halskante laut Markierungen rechts auf rechts an den Halsausschnitt der Weste legen – dabei beachten, dass an den vorderen Kanten der Vorderteile die Nahtzugabe für den Reißverschluss frei bleibt! Schnittkanten fixieren und zusammennähen 9.

10 An den vorderen Kanten den Reißverschluss einnähen, siehe Seite 75. Optional den Kinnschutz ergänzen 10.

5

6

7

8

9

10

LOCKER GESCHNITTENER WINTER-OVERALL

Größen: 104/ 110/ 116/ 122/ 128/ 134 • Schwierigkeit: ✪✪✪
• Schnittteile 7a-f auf Bogen B in Schwarz

Von Kopf bis Fuß ein Star! Bei diesem coolen Sweat-Overall hat die Kälte keine Chance.

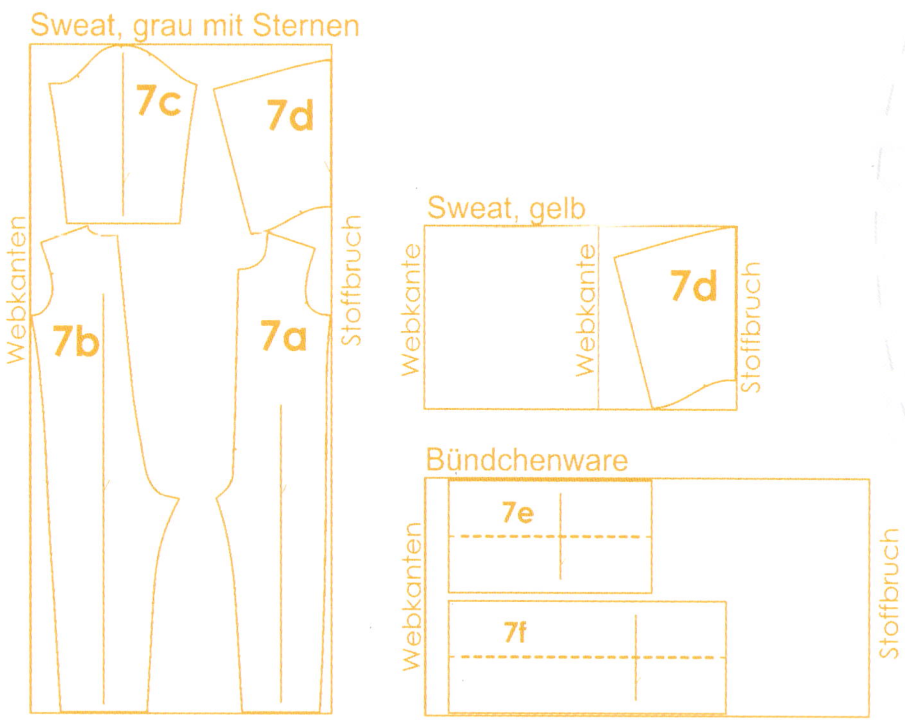

MATERIAL

- Sweat, grau mit Sternen, 140 cm breit, 130/ 135/ 145/ 155/ 160/ 170 cm
- Sweat, gelb, 140 cm breit, 45/ 45/ 45/ 45/ 50/ 50 cm
- Bündchenware, gelb, ca. 90 cm breit, 30 cm für alle Größen
- Reißverschluss, gelb, nicht teilbar, 32,5/ 34,5/ 36,5/ 38,5/ 40,5/ 42,5 cm

ZUSCHNEIDEN

Bitte beachten:
Die Schnittteile 7a und 7b liegen jeweils in zwei Teilen auf dem Bogen!

Sweat, grau mit Sternen
- 7a Vorderteil
- 7b Rückenteil
- 7c Ärmel
- 7d Kapuze

Sweat, gelb
- 7d Kapuze

Bündchenware
- 7e Ärmelbündchen
- 7f Beinbündchen

1
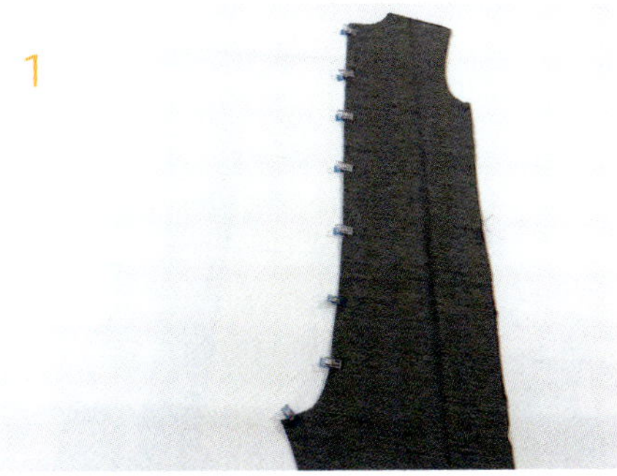

2

3
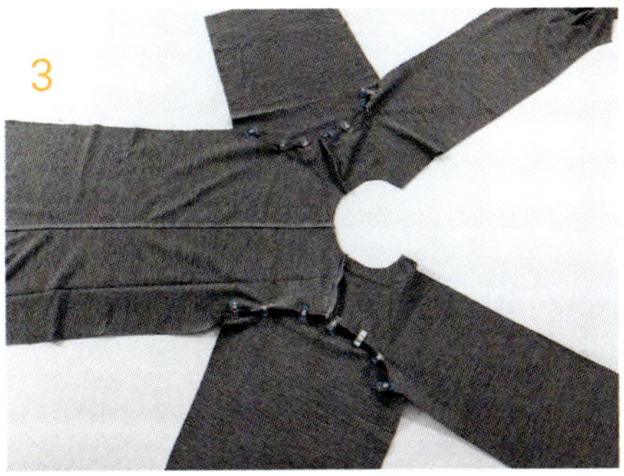

4

5
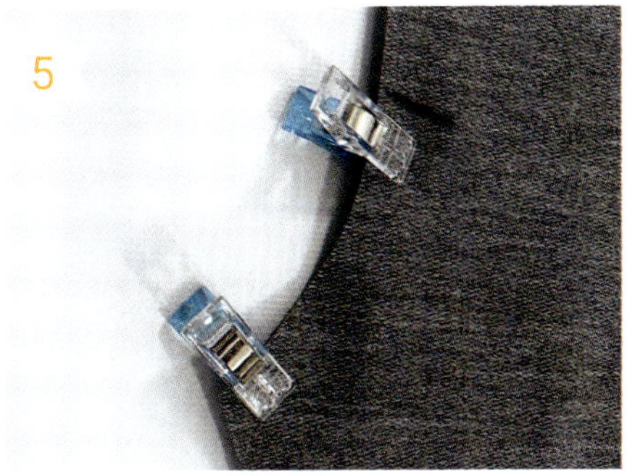

6

7

8

NÄHEN

! Alle Nähte mit einer Overlock-Nähmaschine oder alternativ mit einem elastischen (Zickzack-)Stich der Haushalts-Nähmaschine + Versäuberungsnaht nähen.

1 Die Rückenteile rechts auf rechts aufeinanderlegen, die Kanten der hinteren Mitte fixieren und nähen 1.

2 Die Vorderteile rechts auf rechts auf das Rückenteil legen und die Schulternähte schließen 2.

3 Beide Teile wieder auseinanderfalten und aufgeklappt, mit der rechten Seite nach unten zeigend, auslegen. Einen Ärmel rechts auf rechts an den passenden Armausschnitt legen, gemäß den Markierungen feststecken und einnähen. Den zweiten Ärmel ebenso am anderen Armausschnitt einnähen 3.

4 Vorder- und Rückenteil wieder rechts auf rechts aufeinanderlegen, Ärmel zur Hälfte legen. Die Seiten- und die Ärmelnaht jeweils durchgehend schließen 4.

5 Die Vorderteile an den Kanten der vorderen Mitte rechts auf rechts aufeinanderlegen und die Kanten fixieren. Die vordere Schrittnaht bis zur Reißverschlussmarkierung schließen. Das Nahtende gut sichern 5!

6 Vorder- und Rückteil wieder rechts auf rechts legen. Die Kanten der Beininnenseiten deckungsgleich fixieren und durchgehend zusammennähen 6.

7 Die Kapuzenteile jeweils am Stoffbruch rechts auf rechts zur Hälfte legen und die oberen Kanten zusammennähen 7.

8 Kapuzen rechts auf rechts ineinanderlegen und die vorderen Kanten zusammennähen. Kapuzen links auf links wenden. Die vordere Kante im Nahtbruch flach bügeln und ab Bruchkante 1 cm breit absteppen 8.

9 Die Kapuze mit der Halskante laut Markierungen rechts auf rechts an den Halsausschnitt des Rompers legen – dabei beachten, dass an den vorderen Kanten der Vorderteile die Nahtzugabe für den Reißverschluss frei bleibt! Schnittkanten fixieren und zusammennähen 9.

10 An den vorderen Kanten den Reißverschluss einnähen, siehe Seite 75. Optional zusätzlich den Kinnschutz arbeiten 10.

11 Ärmel- und Beinbündchen annähen, siehe Seite 76.

9

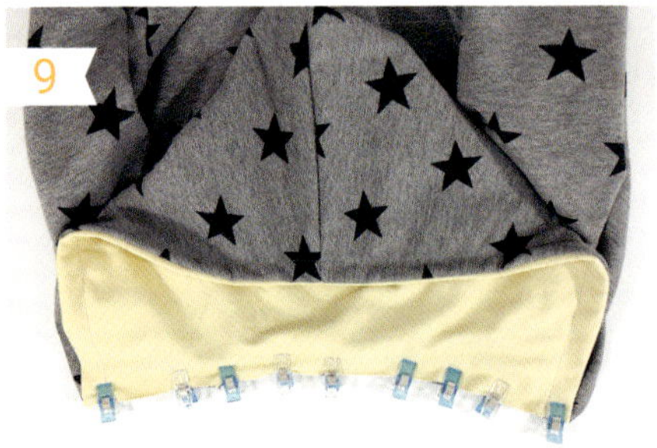

10

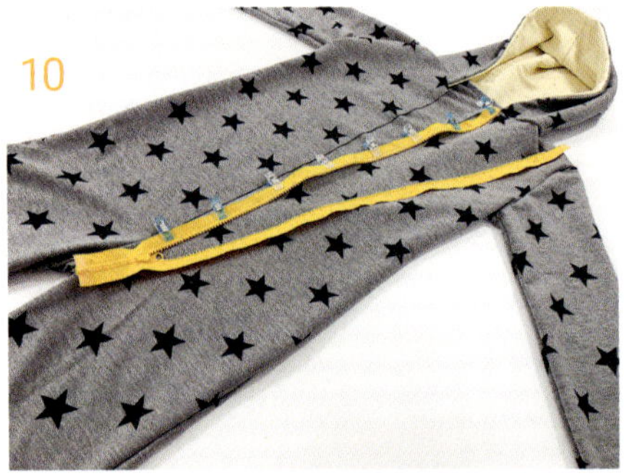

LÄSSIGER, GEMÜTLICHER HERBST-JUMPSUIT

Größen: 104/ 110/ 116/ 122/ 128/ 134 • Schwierigkeit: ✪ ✪ ✪

• Schnittteile 8a-g auf Bogen B in Schwarz

Zuckersüß, sooo gemütlich und zudem ruckzuck angezogen – davon kann Mama gleich mehrere nähen!

Stepp-Sweat, rosa mit Sternen

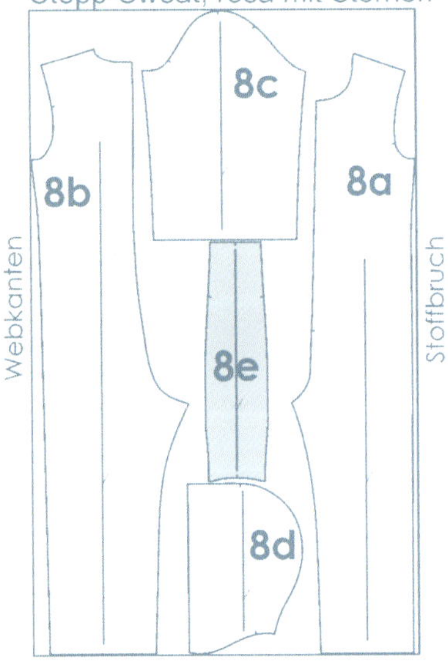

Bündchenware

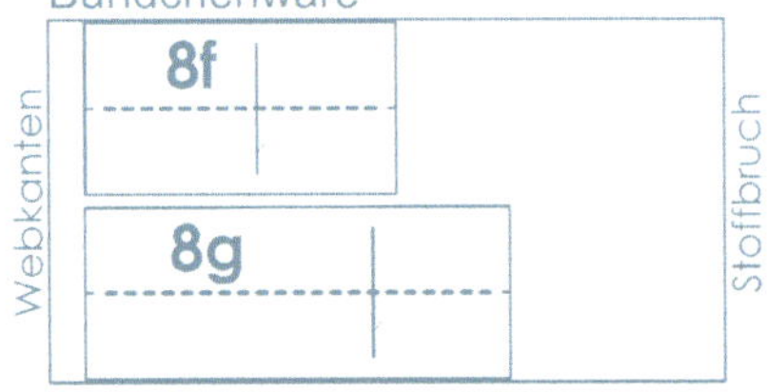

Sweat, rostbraun

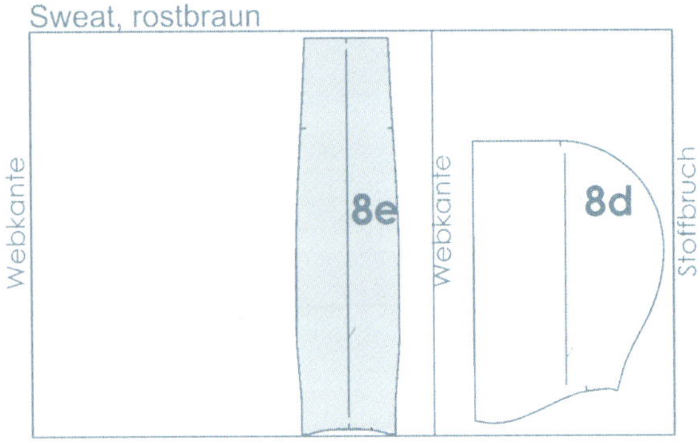

MATERIAL

- Stepp-Sweat, rosa mit Sternen, 140 cm breit, 110/ 110/ 115/ 115/ 120/ 130 cm
- Sweat, rostbraun, 140 cm breit, 45/ 45/ 50/ 50/ 50/ 50 cm
- Bündchenware, grau, 90 cm breit, 30 cm für alle Größen
- Reißverschluss, gelb, nicht teilbar, 32,5/ 34,5/ 36,5/ 38,5/ 40,5/ 42,5 cm
- Ösen, Patches & Kordel in passenden Farben, siehe Seite 77

ZUSCHNEIDEN

Bitte beachten

Die Teile 8a und 8b liegen jeweils in zwei Teilen auf dem Bogen!

Stepp-Sweat, rosa mit Sternen

- 8a Vorderteil
- 8b Rückenteil
- 8c Ärmel
- 8d Kapuze, Seite
- 8e Kapuze, Mitte

Sweat, rostbraun

- 8d Kapuze, Seite
- 8e Kapuze, Mitte

Bündchenware

- 8f Ärmelbündchen
- 8g Beinbündchen

NÄHEN

! Alle Nähte mit einer Overlock-Nähmaschine oder alternativ mit einem elastischen (Zickzack-)Stich der Haushalts-Nähmaschine + Versäuberungsnaht nähen.

1 Die Rückenteile rechts auf rechts aufeinanderlegen, die Kanten der hinteren Mitte fixieren und nähen 1.

2 Die Vorderteile rechts auf rechts auf das Rückenteil legen und die Schulternähte schließen 2.

3 Beide Teile wieder auseinanderfalten und aufgeklappt, mit der rechten Seite nach oben zeigend, auslegen. Einen Ärmel rechts auf rechts an den passenden Armausschnitt legen, gemäß den Markierungen feststecken und einnähen. Den zweiten Ärmel ebenso am anderen Armausschnitt einnähen 3.

4 Vorder- und Rückenteil wieder rechts auf rechts aufeinanderlegen, Ärmel zur Hälfte legen. Die Seiten- und die Ärmelnaht jeweils durchgehend schließen 4.

5 Die Vorderteile an den Kanten der vorderen Mitte rechts auf rechts aufeinanderlegen und die Kanten fixieren. Die vordere Schrittnaht bis zur Reißverschlussmarkierung schließen. Das Nahtende gut sichern 5!

6 Vorder- und Rückteil wieder rechts auf rechts legen. Die Kanten der Beininnenseiten deckungsgleich fixieren und durchgehend zusammennähen 6.

7 Außenkapuze: Den rosafarbenen Kapuzenmittelstreifen mit einer langen Kante rechts auf rechts an die hintere Rundung eines rosafarbenen Kapuzenseitenteils legen, fixieren und annähen. Dann die zweite lange Kante des Mittelstreifens genauso an die hintere Rundung des zweiten rosafarbenen Kapuzenseitenteils nähen 7a + 7b.

8 Die Innenkapuze mit den rostbraunen Kapuzenteilen wie die Außenkapuze nähen. Kapuzen rechts auf rechts ineinanderlegen und die vorderen Kanten zusammennähen. Kapuzen links auf links wenden. Die vordere Kante im Nahtbruch flach bügeln und ab Bruchkante 1 cm breit absteppen 8.

9 Die Kapuze mit der Halskante laut Markierungen rechts auf rechts an den Halsausschnitt des Rompers legen – dabei beachten, dass an den vorderen Kanten der Vorderteile die Nahtzugabe für den Reißverschluss frei bleibt! Schnittkanten fixieren und zusammennähen 9.

10 An den vorderen Kanten den Reißverschluss einnähen, siehe Seite 75. Optional den Kinnschutz ergänzen 10.

11 Das Reißverschlussende mit einem Patch verzieren 11.

12 Ärmel- und Beinbündchen annähen, siehe Seite 76.

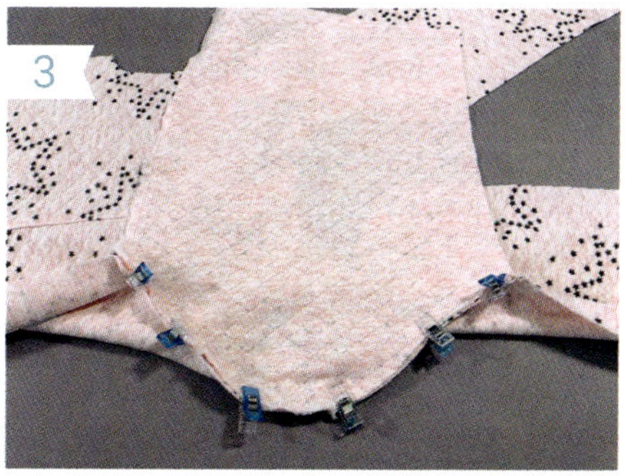

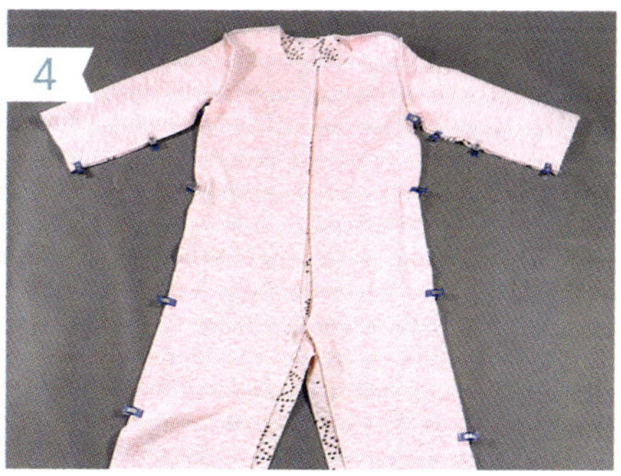

5

8

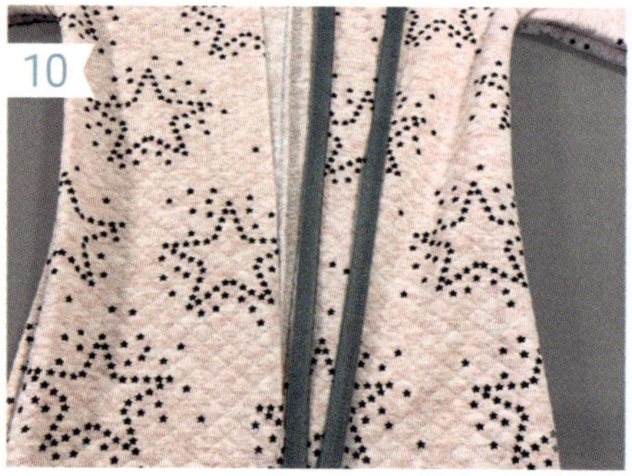
10

6

9

11

7a

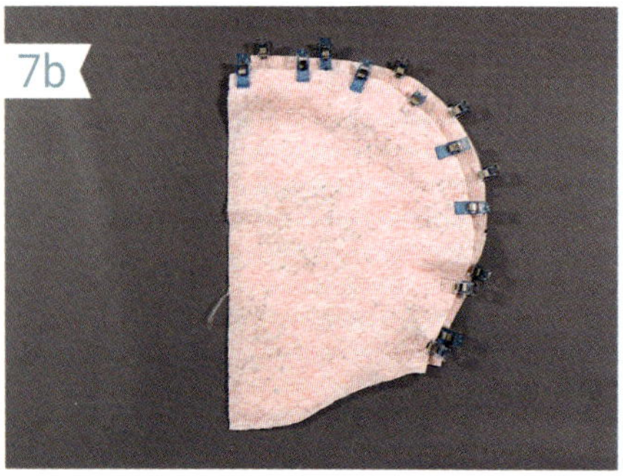
7b

CHILLIGES BALLON-HOODIE-KLEID FÜR COOLE GIRLS

Größen: 104/ 110/ 116/ 122/ 128/ 134 • Schwierigkeit: ✪✪✪
• Schnittteile 9a-g auf Bogen C in Blau

Wer sagt, in einem Kleid könne man nicht toben? Man kann, wie dieses lässige Hoodie-Kleidchen beweist!

Jersey oder Sweat, pink mit Motiven

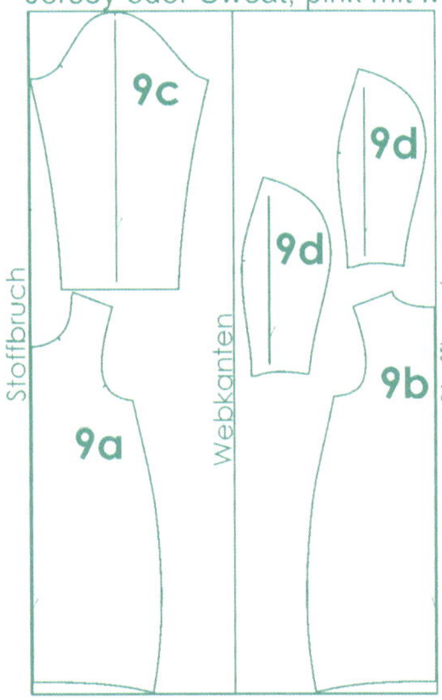

Jersey oder Sweat, schwarz

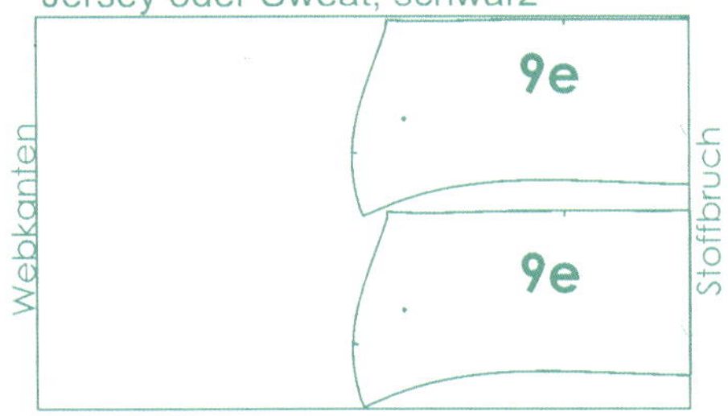

Bündchenware

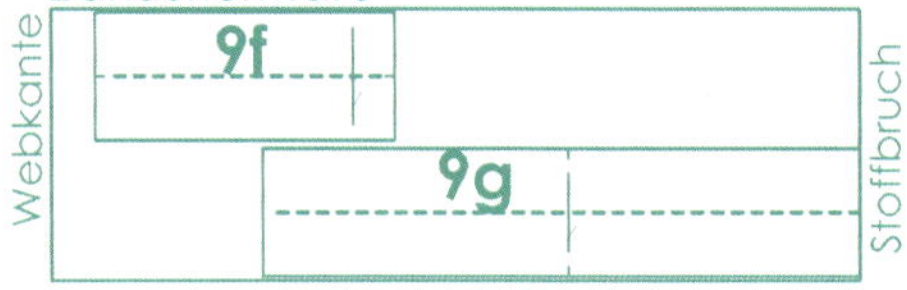

MATERIAL

- Jersey oder Sweat, pink mit Motiven, 140 cm breit, 100/ 105/ 110/ 120/ 125/ 130 cm
- Jersey oder Sweat, schwarz, 140 cm breit, 45/ 45/ 45/ 45/ 50/ 50 cm
- Bündchenware, schwarz, ca. 90 cm breit, 20 cm für alle Größen oder (wie hier) Fertigbündchen in Breite der Schnittteile
- Ösen, Patches & Kordel in passenden Farben, siehe Seite 77

ZUSCHNEIDEN

Jersey oder Sweat, pink mit Motiven

- 9a Vorderteil
- 9b Rückenteil
- 9c Ärmel
- 9d Kapuze, hinten

Jersey oder Sweat, schwarz

- 9e Kapuze, vorne

Bündchenware

- 9f Ärmelbündchen
- 9g Saumbündchen

NÄHEN

! Alle Nähte mit einer Overlock-Nähmaschine oder alternativ mit einem elastischen (Zickzack-)Stich der Haushalts-Nähmaschine + Versäuberungsnaht nähen.

1 Vorder- und Rückenteil rechts auf rechts aufeinanderlegen und die Schulternähte schließen 1.

2 Beide Teile wieder auseinanderfalten und aufgeklappt, mit der rechten Seite nach oben zeigend, auslegen. Einen Ärmel rechts auf rechts an den passenden Armausschnitt legen, gemäß den Markierungen feststecken und einnähen. Den zweiten Ärmel ebenso am anderen Armausschnitt einnähen 2.

3 Vorder- und Rückenteil wieder rechts auf rechts aufeinanderlegen, Ärmel zur Hälfte legen. Die Seiten- und die Ärmelnaht jeweils durchgehend schließen 3.

4 Je zwei hintere Kapuzenteile paarweise rechts auf rechts aufeinanderlegen und an der äußeren Rundung zusammennähen 4.

5 Je ein vorderes Kapuzenteil an der Teilungskante rechts auf rechts an ein hinteres Kapuzenteil legen – die obere Mitte des vorderen Kapuzenteils trifft auf die Naht des hinteren Kapuzenteils – fixieren und die Naht schließen. Die Nahtzugaben nach hinten bügeln und die Naht von rechts knappkantig absteppen 5.

6 Ösen & Kordel an der Außenkapuze anbringen, siehe Seite xx. Beide Kapuzen rechts auf rechts ineinanderlegen und die vorderen Kanten zusammennähen. Kapuzenteile links auf links wenden. Die vordere Kante im Nahtbruch flach bügeln und ab Kante 2-4 cm breit absteppen 6.

7 Die Kapuze mit der Halskante rechts auf rechts an den Halsausschnitt des Kleides legen. Dafür die Kapuzenmittelnaht in der Mitte des hinteren Halsausschnittes fixieren, dann die Kapuzenkanten zu beiden Seiten nach vorne legen 7.

8 Die Kapuze gemäß den Markierungen ringsum gut fixieren – im vorderen Bereich des Halsausschnittes überlappen sich die Kapuzenkanten – dann rundum festnähen.

9 Saumbündchen annähen, siehe Seite 76 9.

10 Ärmelbündchen wie die Saumbündchen annähen.

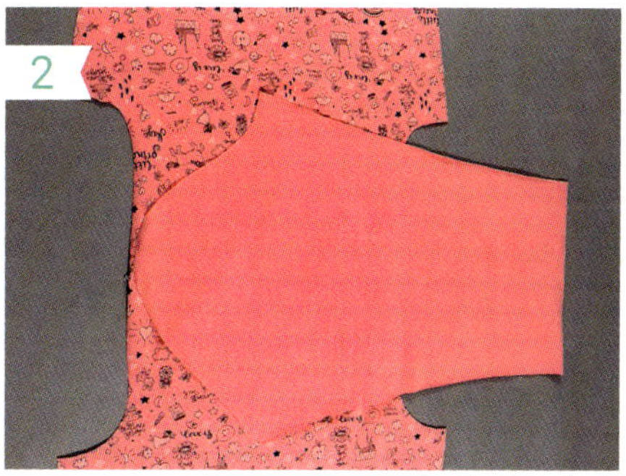

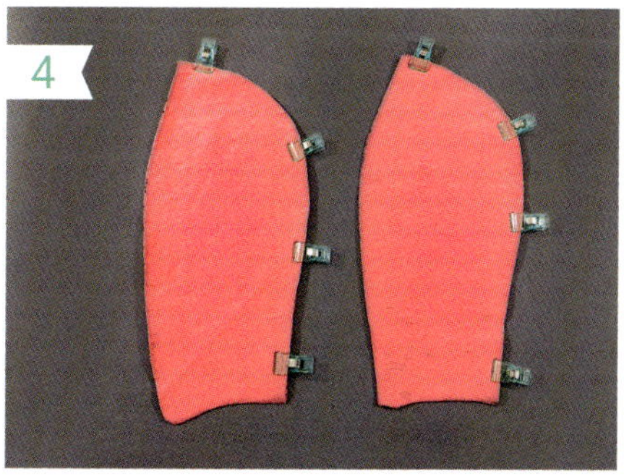

5

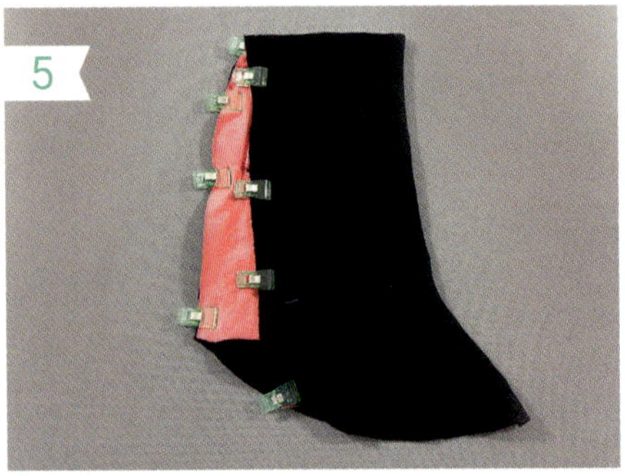

7

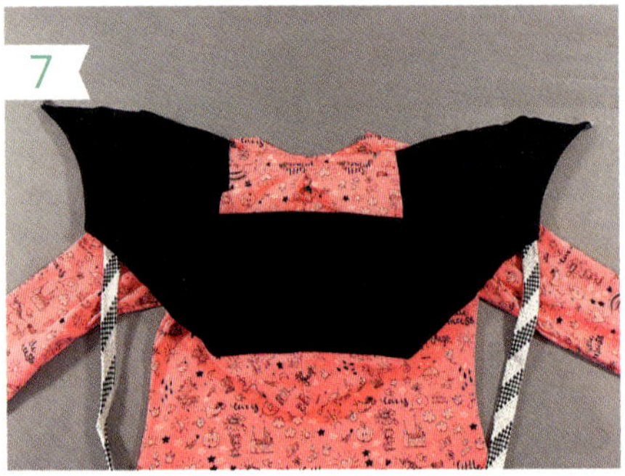

9

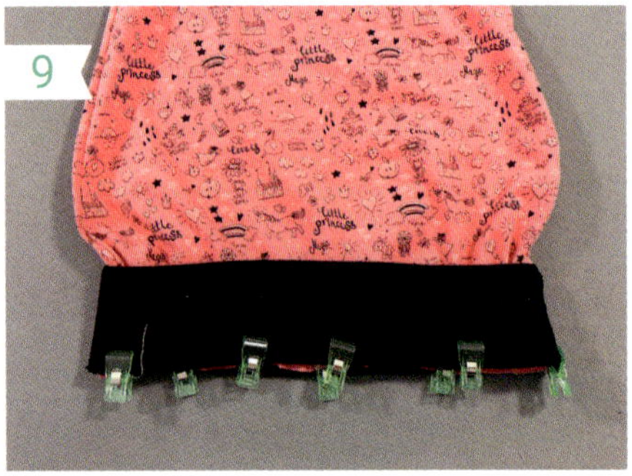

TIPP:

Für Kordeltunnel und Ärmelbündchen kann auch Bündchenware statt Jersey verwendet werden!

VERSPIELTES MÄDCHENKLEID MIT TUNNELZUG

Größen: 104/ 110/ 116/ 122/ 128/ 134 • Schwierigkeit: ✪✪✪
• Schnittteile 10a-h auf Bogen D in Blau

Weil man nie genug Kleider haben kann, kommt hier der nächste süße Hingucker!

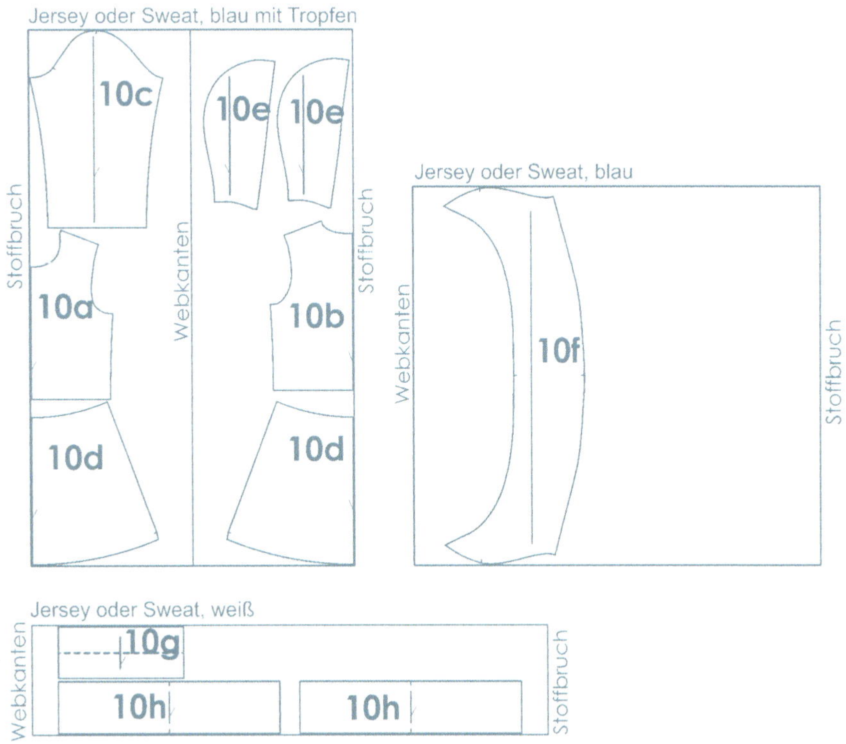

MATERIAL

- Jersey oder Sweat, blau mit Tropfen, 140 cm breit, 100/ 105/ 110/ 115/ 120/ 125 cm
- Jersey oder Sweat, dunkelblau, 140 cm breit, 65/ 65/ 65/ 70/ 70/ 70 cm
- Jersey oder Sweat, weiß, 140 cm breit, 15 cm für alle Größen
- Zackenlitze, rot, ca. 70 cm für alle Größen
- Ösen & Patches in passenden Farben, siehe Seite 77
- Kordel, weiß, 50 cm & Kordelenden, siehe Seite 77
- Plottermotiv oder fertiges Applikationsmotiv (optional)

ZUSCHNEIDEN

Jersey oder Sweat, blau mit Tropfen
- 10a Vorderteil
- 10b Rückenteil
- 10c Ärmel
- 10d Rock
- 10e Kapuze, hinten

Jersey oder Sweat, blau
- 10f Kapuze, vorne

Jersey oder Sweat, weiß
- 10g Ärmelbündchen
- 10h Tunnelstreifen

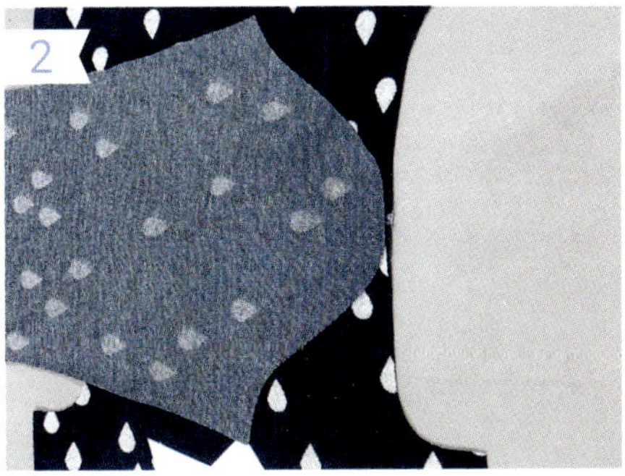

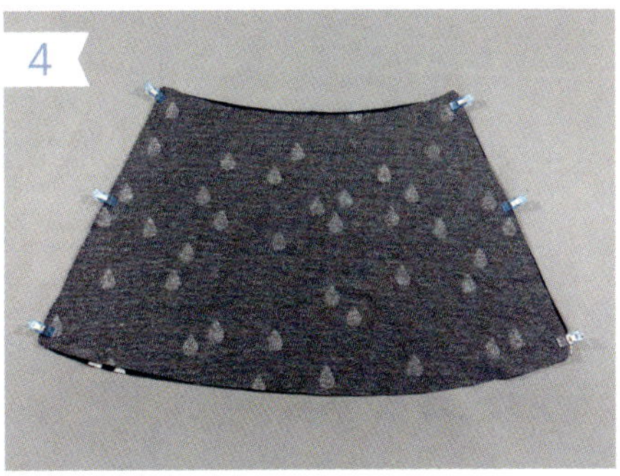

NÄHEN

! Alle Nähte mit einer Overlock-Nähmaschine oder alternativ mit einem elastischen (Zickzack-)Stich der Haushalts-Nähmaschine + Versäuberungsnaht nähen.

1 Falls gewünscht, die Applikation auf dem Vorderteil anbringen. Vorder- und Rückenteil rechts auf rechts aufeinanderlegen. Die Schulterkanten fixieren und zusammennähen. Die Seitenkanten ebenso nähen 1.

2 Beide Teile wieder auseinanderfalten und aufgeklappt, mit der rechten Seite nach oben zeigend, auslegen. Einen Ärmel rechts auf rechts an den passenden Armausschnitt legen, gemäß den Markierungen feststecken und einnähen. Den zweiten Ärmel ebenso am anderen Armausschnitt einnähen 2.

3 Vorder- und Rückenteil wieder rechts auf rechts aufeinanderlegen, Ärmel zur Hälfte legen. Die Seiten- und die Ärmelnaht jeweils durchgehend schließen 3.

4 Die Rockteile rechts auf rechts aufeinanderlegen und die Seitennähte schließen 4.

5 In der Mitte eines vorderen Tunnelstreifens Ösen und Patches anbringen, siehe Seite 77 5.

6 Je zwei Tunnelstreifen rechts auf rechts legen und die kurzen Kanten zusammennähen. Die Tunnelringe links auf links ineinanderlegen – optional die oberen und unteren Ringkanten zusammenheften. Dann den Tunnel rechts auf rechts an die obere Rockkante legen – darauf achten, dass die Ösen in der vorderen Mitte liegen und die Seitennähte von Rock und Tunnel jeweils exakt aufeinandertreffen – fixieren und annähen 6.

7 Das Oberteil rechts auf rechts über den Rock stülpen und die untere Oberteilkante an die obere Tunnelstreifenkante legen. Dabei beachten, dass das vordere Oberteil auf dem vorderen Rockteil liegt; die Seitennähte von Oberteil und Tunnel treffen aufeinander. Die Lagen fixieren und rundum zusammennähen 7a + 7b.

8 Je zwei hintere Kapuzenteile paarweise rechts auf rechts aufeinanderlegen und an der äußeren Rundung zusammennähen 8.

9 Je ein vorderes Kapuzenteil an der senkrechten Teilungskante rechts auf rechts an ein hinteres Kapuzenteil legen – die obere Mitte des vorderen Kapuzenteils trifft auf die Naht des hinteren Kapuzenteils – fixieren und die Naht schließen. Die Nahtzugaben der Längsnähte nach hinten bügeln und die Naht von rechts knappkantig absteppen 9.

10 Beide Kapuzen rechts auf rechts ineinanderlegen und die vorderen Kanten rundum zusammennähen. Kapuzenteile links auf links wenden. Die vordere Kante im Nahtbruch flach bügeln und ab Kante 1 cm breit absteppen. Die Zackenlitze knapp neben der vorderen Kante von rechts aufnähen 10.

11 Die Kapuze mit der Halskante rechts auf rechts an den Halsausschnitt des Kleides legen. Dafür die Kapuzenmittelnaht in der Mitte des hinteren Halsausschnittes fixieren, dann die Kapuzenkanten zu beiden Seiten nach vorne legen 11.

12 Die Kapuze gemäß den Markierungen ringsum gut fixieren – im vorderen Bereich des Halsausschnittes überlappen sich die Kapuzenkanten – dann rundum festnähen 12.

13 Den unteren Kleidrand versäubern, laut Markierung nach links umschlagen, feststecken und ab Bruchkante fußbreit feststeppen 13.

14 Die Kordel in den Tunnel einziehen. Kordelenden verwahren.

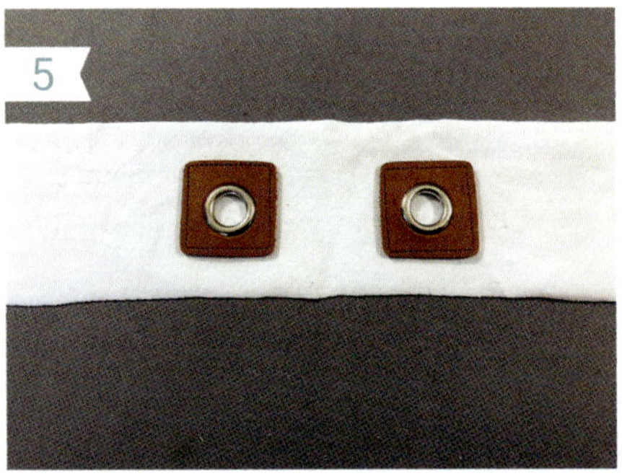
5

6

7a

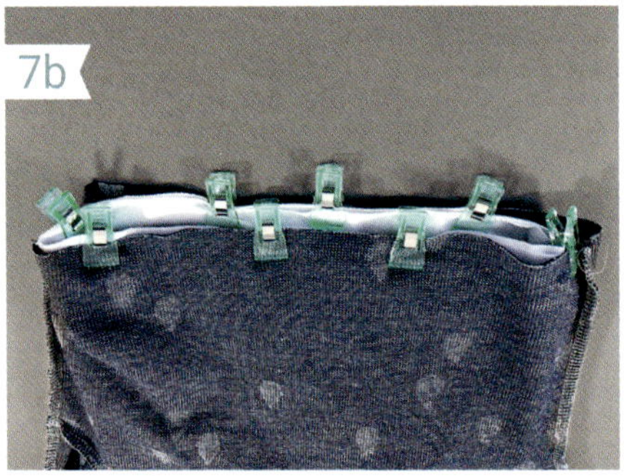
7b

8

9

10

11

12

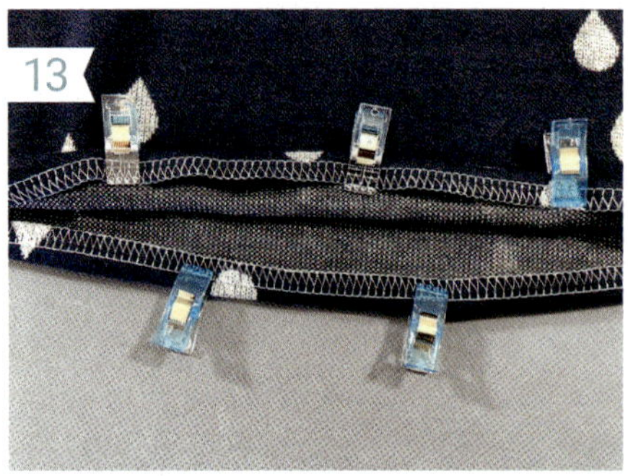
13

LÄSSIGES SOMMERKLEID FÜR GIRLS

Größen: 104/ 110/ 116/ 122/ 128/ 134 • Schwierigkeit: ✪✪✪ • Schnittteile 11a-h auf Bogen D in Schwarz

Der Sommer kann kommen! Sollte es doch mal kühler werden, lässt sich dieses hübsche Kleid wunderbar mit Leggings kombinieren.

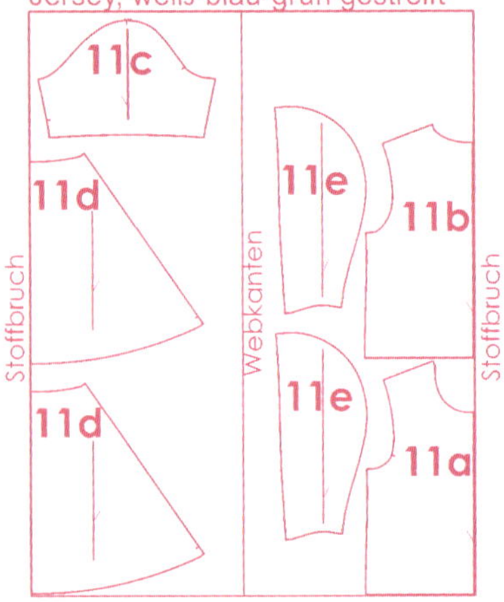

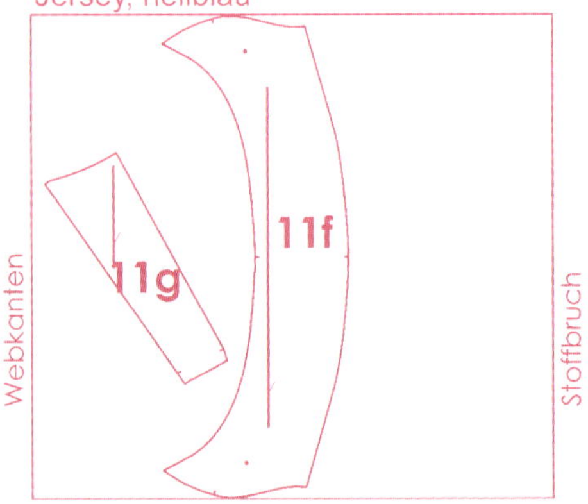

MATERIAL

- Jersey, weiß-blau-grün gestreift, 140 cm breit, 85/ 85/ 90/ 95/ 100/ 110 cm
- Jersey, hellblau, 140 cm breit, 65/ 65/ 70/ 70/ 70/ 70 cm
- Bündchenware, weiß, ca. 90 cm breit, 10 cm für alle Größen
- Ösen & Patches in passenden Farben, siehe Seite 77
- Kordel, weiß, 100 cm & Kordelenden, siehe Seite 77

ZUSCHNEIDEN

Jersey, weiß-blau-grün gestreift

- 11a Vorderteil
- 11b Rückenteil
- 11c Ärmel
- 11d Rock, Mitte
- 11e Kapuze, hinten

Jersey, hellblau

- 11f Kapuze, vorne
- 11g Rock, Seite

Bündchenware

- 11h Tunnelstreifen

NÄHEN

! Nähte mit einer Overlock-Nähmaschine oder alternativ mit einem elastischen (Zickzack-)Stich der Haushalts-Nähmaschine + Versäuberungsnaht nähen.

1 Vorder- und Rückenteil rechts auf rechts aufeinanderlegen. Schulter- sowie Seitenkanten fixieren und zusammennähen 1.

2 Beide Teile wieder auseinanderfalten und aufgeklappt, mit der rechten Seite nach oben zeigend, auslegen. Einen Ärmel rechts auf rechts an den passenden Armausschnitt legen, gemäß den Markierungen feststecken und einnähen. Den zweiten Ärmel ebenso am anderen Armausschnitt einnähen 2.

3 Vorder- und Rückenteil wieder rechts auf rechts aufeinanderlegen, Ärmel zur Hälfte legen. Die Seiten- und die Ärmelnaht jeweils durchgehend schließen 3.

4 Die seitlichen Rockteile rechts auf rechts auf ein mittleres Rockteil legen und an den schrägen Kanten fixieren. Die Kanten zusammennähen 4.

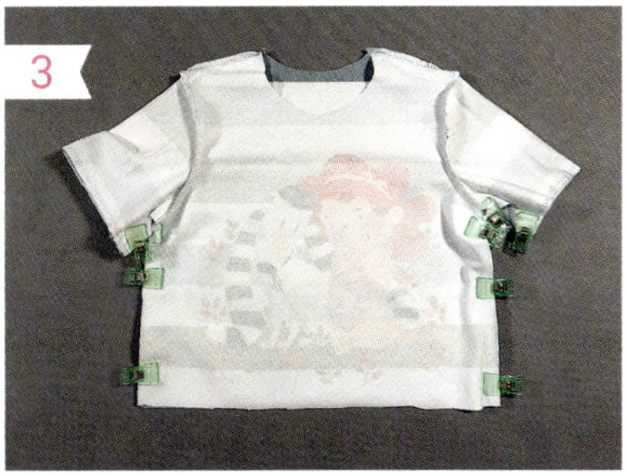

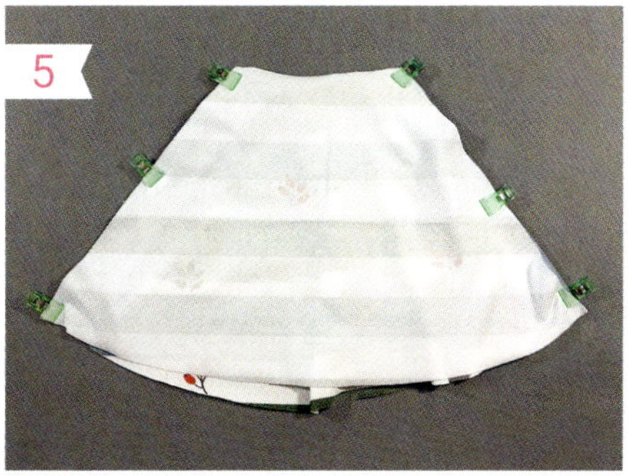

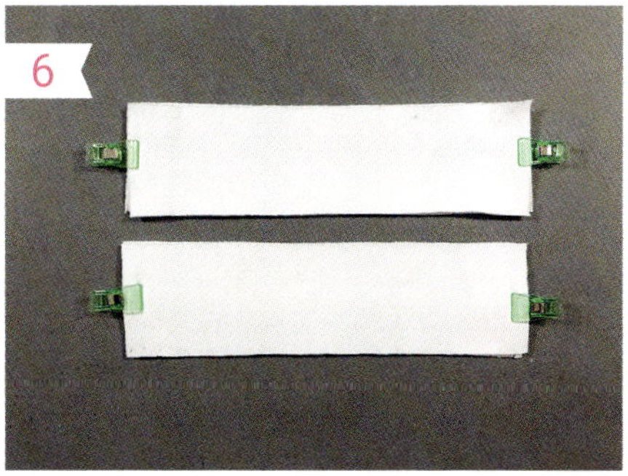

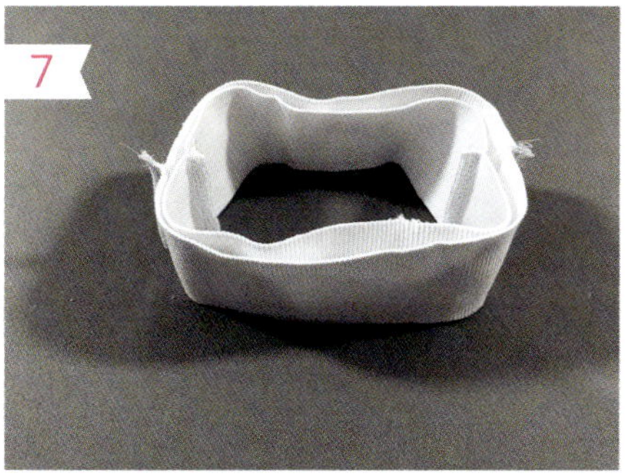

5 Das zweite mittlere Rockteil genauso an die seitlichen Rockteile nähen 5.

6 In der Mitte eines Tunnelstreifens die Ösen & Patches anbringen, siehe Seite 77. Je zwei Tunnelstreifen rechts auf rechts legen und die kurzen Kanten zusammennähen 6.

7 Die Tunnelringe links auf links ineinanderlegen – optional die oberen und unteren Ringkanten zusammenheften 7.

8 Den Tunnel rechts auf rechts an die obere Rockkante legen – darauf achten, dass die Ösen in der vorderen Mitte liegen und die Seitennähte von Rock und Tunnel jeweils exakt aufeinandertreffen – fixieren und annähen 8.

9 Das Oberteil rechts auf rechts über den Rock stülpen und die untere Oberteilkante an die obere Tunnelkante legen. Dabei beachten, dass das vordere Oberteil auf dem vorderen Rockteil liegt; die Seitennähte von Oberteil und Tunnel treffen aufeinander. Die Lagen fixieren und rundum zusammennähen 9.

10 Je zwei hintere Kapuzenteile paarweise rechts auf rechts aufeinanderlegen und an der äußeren Rundung zusammennähen 10.

11 Je ein vorderes Kapuzenteil an der Teilungskante rechts auf rechts an ein hinteres Kapuzenteil legen – die obere Mitte des vorderen Kapuzenteils trifft auf die Naht des hinteren Kapuzenteils – fixieren und die Naht schließen. Die Nahtzugaben nach hinten bügeln und die Naht von rechts knappkantig absteppen.

12 Ösen & Kordel an der Außenkapuze anbringen, siehe Seite 77. Beide Kapuzen rechts auf rechts ineinanderlegen und die vorderen Kanten zusammennähen. Kapuzenteile links auf links wenden. Vordere Kante im Nahtbruch flach bügeln und ab Kante 2-4 cm breit absteppen 12.

13 Die Kapuze mit der Halskante rechts auf rechts an den Halsausschnitt des Kleides legen. Dafür die Kapuzenmittelnaht in der Mitte des hinteren Halsausschnittes fixieren, dann die Kapuzenkanten zu beiden Seiten nach vorne legen 13.

14 Die Kapuze gemäß den Markierungen ringsum gut fixieren – im vorderen Bereich des Halsausschnittes überlappen sich die Kapuzenkanten – dann rundum festnähen.

15 Den unteren Kleidrand versäubern, laut Markierung nach links umschlagen, feststecken und ab Bruchkante fußbreit feststeppen.

16 Die Kordel in den Tunnel einziehen. Kordelenden verwahren, siehe Seite 77.

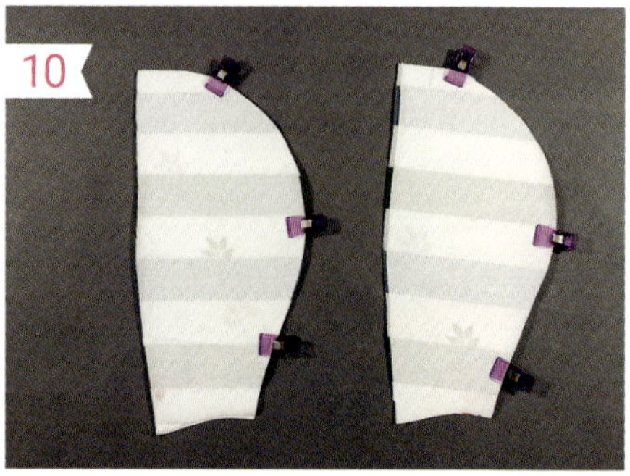

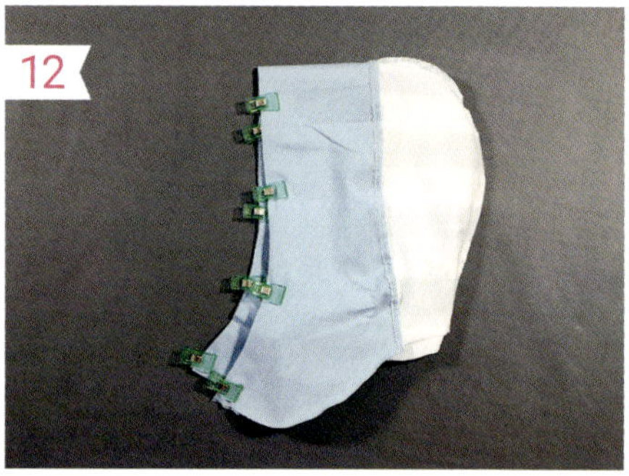

RAGLAN-SHIRT MIT TEILUNGEN

Größen: 104/ 110/ 116/ 122/ 128/ 134 • Schwierigkeit: ✪✪✪ • Schnittteile 12a-f auf Bogen D in Grau

Nicht nur bei Regenwetter ist dieses bequeme Hoodie-Shirt ein super Begleiter!

Jersey oder Sweat, grau mit Regenmotiven

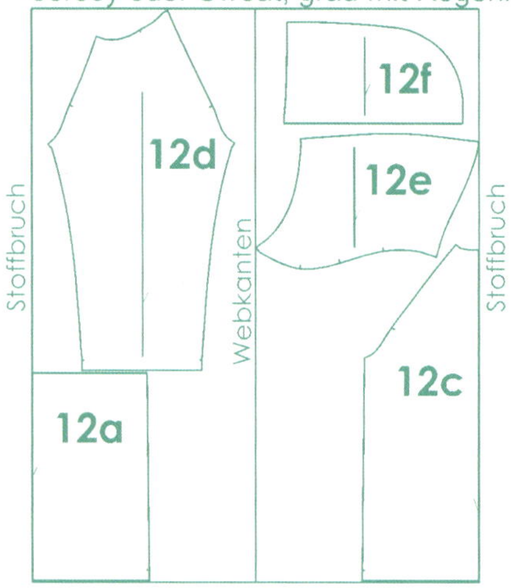

Jersey oder Sweat, lindgrün

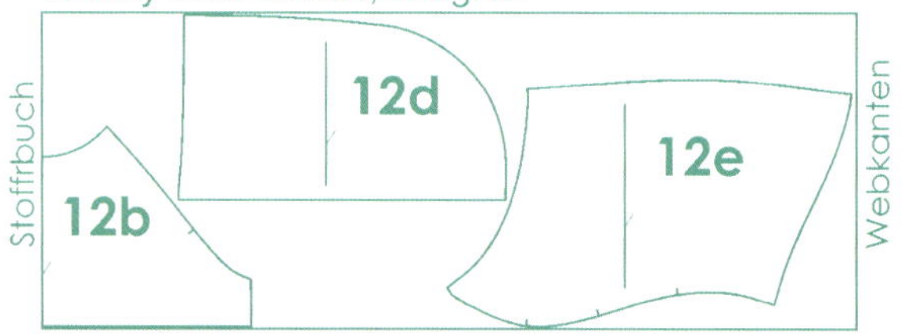

MATERIAL

- Jersey oder Sweat, grau mit Regenmotiven, 140 cm breit, 80/ 85/ 90/ 90/ 95/ 100 cm
- Jersey oder Sweat, lindgrün, 140 cm breit, 30/ 30/ 30/ 35/ 35/ 35 cm
- Bündchenware, schwarz, ca. 90 cm breit, 8 cm für alle Größen

ZUSCHNEIDEN

Jersey oder Sweat, grau mit Regenmotiven

- 12a Vorderteil, unten
- 12c Rückenteil
- 12d Ärmel
- 12e Kapuze, unten
- 12f Kapuze, oben

Jersey oder Sweat, lindgrün

- 12b Vorderteil, oben
- 12e Kapuze, unten
- 12f Kapuze, oben

Bündchenware

- Kapuzen-Bündchen: Länge wie gesamter vorderer Kapuzenrand x 6 cm

1

2

3

4a

4b

5

6a

6b

NÄHEN

! Alle Nähte mit einer Overlock-Nähmaschine oder alternativ mit einem elastischen (Zickzack-)Stich der Haushalts-Nähmaschine + Versäuberungsnaht nähen.

1 Das obere Vorderteil rechts auf rechts auf das untere Vorderteil legen und an der Quer-Teilung fixieren. Die Kanten zusammennähen. Teile auffalten, die Nahtzugaben in das untere Vorderteil bügeln. Die Naht von rechts mit Geradstich knappkantig absteppen 1.

2 Die Ärmel mit der rechten Seite nach oben zeigend neben das Vorderteil legen 2.

3 Ärmel mit der vorderen Armausschnittkante rechts auf rechts an den Armausschnitt des oberen Vorderteils legen, fixieren und annähen 3.

4 Die hinteren Armausschnittkanten ebenso an das Rückenteil nähen 4a + 4b.

5 Vorder- und Rückenteil rechts auf rechts aufeinanderlegen, Ärmel zur Hälfte legen. Die Seitennaht und die Ärmelnaht jeweils durchgehend schließen. Den unteren Shirtrand versäubern, laut Markierung nach links umschlagen, fixieren und ab Bruchkante fußbreit feststeppen. In gleicher Weise die unteren Ärmelränder säumen 5.

6 Für die äußeren Kapuzenteile zunächst jeweils das obere und untere Kapuzenteil an der Querteilungskante rechts auf rechts aufeinanderlegen, fixieren und zusammennähen 6a + 6b.

7 Die äußeren Kapuzenteile rechts auf rechts aufeinanderlegen – die Quer-Nähte sollten genau aufeinandertreffen – und an der äußeren Rundung zusammennähen. Die Naht von rechts knappkantig absteppen. Ebenso die beiden Kapuzenteile für die Innenseite nähen 7.

8 Das Kapuzen-Bündchen links auf links zur Hälfte falten, die langen Schnittkanten aufeinanderstecken oder heften. Bündchen rechts auf rechts an die vordere Kante einer Kapuze legen, gleichmäßig über die gesamte Strecke gedehnt fixieren und annähen. Beide Kapuzen rechts auf rechts ineinanderlegen und die vorderen Kanten zusammennähen. Kapuzenteile links auf links wenden. Die vordere Kante flach bügeln und ab Naht knappkantig absteppen 8.

9 Die Kapuze mit der Halskante rechts auf rechts an den Halsausschnitt des Hoodies legen. Dafür die Kapuzenmittelnaht in der Mitte des hinteren Halsausschnittes fixieren, dann die Kapuzenkanten zu beiden Seiten nach vorne legen 9.

10 Die Kapuze gemäß den Markierungen ringsum gut fixieren – im vorderen Bereich des Halsausschnittes überlappen sich die Kapuzenkanten – dann rundum festnähen 10.

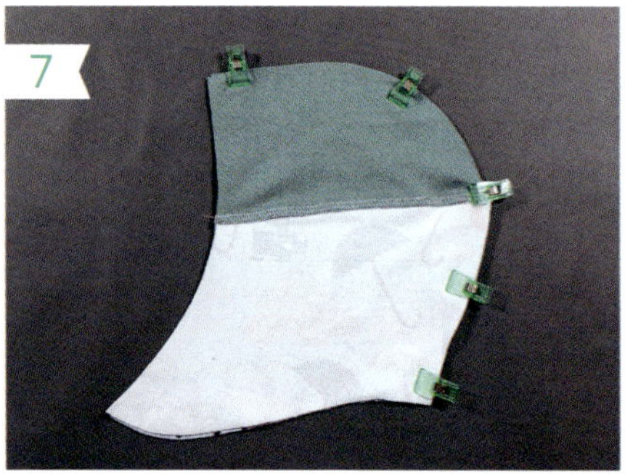

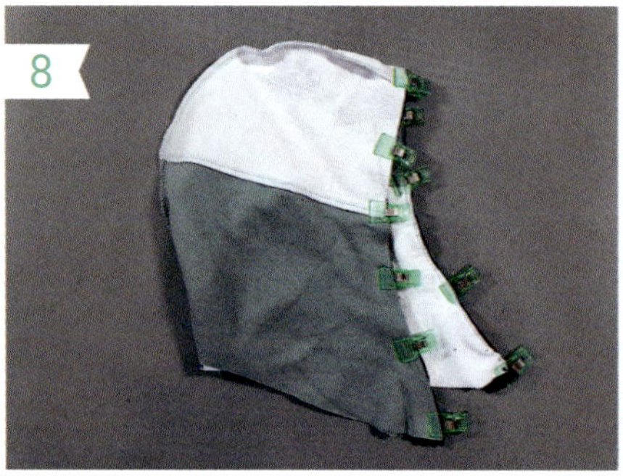

110
100
90
80
70
60
50

RAGLAN-KURZARMSHIRT MIT RUNDEM SAUM

Größen: 104/ 110/ 116/ 122/ 128/ 134 • Schwierigkeit: ✪✪✪
• Schnittteile 15a-e auf Bogen D in Rot

Shirts kann man nie genug haben! Mit seinem coolen Print hat es das Zeug zum Lieblingsshirt!

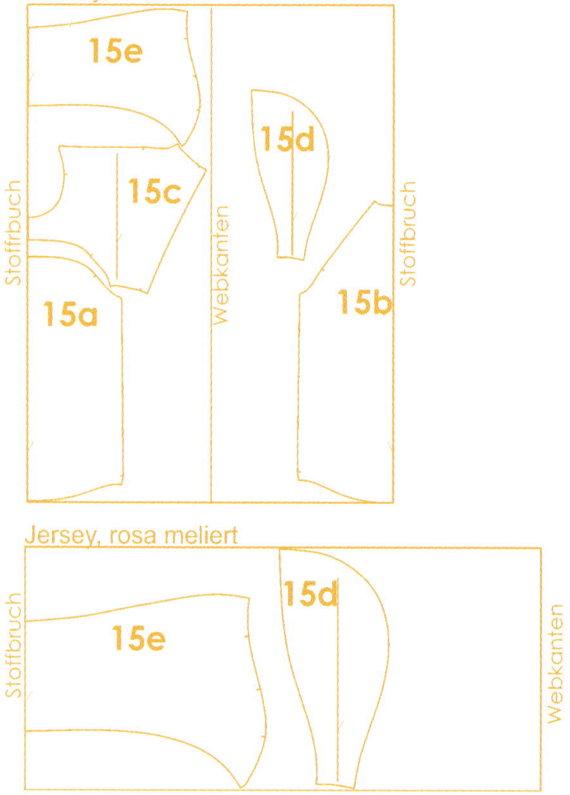

MATERIAL

- Jersey, weiß mit Mädchenmotiv, 140 cm breit, 85/ 90/ 95/ 95/ 100/ 105 cm
- Jersey, rosa meliert, 140 cm breit, 35/ 35/ 40/ 40/ 40/ 40 cm
- Bündchenware, schwarz, ca. 90 cm breit, 8 cm für alle Größen

ZUSCHNEIDEN

Jersey, weiß mit Mädchenmotiv

- 15a Vorderteil
- 15b Rückenteil
- 15c Ärmel/ oberes Vorderteil
- 15d Kapuze, hinten
- 15e Kapuze, vorne

Jersey, rosa meliert

- 15d Kapuze, hinten
- 15e Kapuze, vorne

Bündchenware

- Paspel-Bündchen: Länge wie obere Kante des Vorderteils x 6 cm

NÄHEN

! Alle Nähte mit einer Overlock-Nähmaschine oder alternativ mit einem elastischen (Zickzack-)Stich der Haushalts-Nähmaschine + Versäuberungsnaht nähen.

1 Das Vorderteil und Ärmel/ oberes Vorderteil mit der rechten Seite nach oben zeigend auslegen. Das Paspel-Bündchen links auf links zur Hälfte falten, die langen Schnittkanten aufeinanderstecken oder heften. Das Bündchen rechts auf rechts an die obere Kante des Vorderteils legen, gleichmäßig über die gesamte Strecke gedehnt fixieren und annähen. Ärmel/ oberes Vorderteil rechts auf rechts an die obere Kante legen und annähen 1.

2 Rückenteilmit einer hinteren Armausschnittkante rechts auf rechts an den Armausschnitt von Ärmel/ oberes Vorderteil legen, fixieren und annähen 2.

3 Die zweite Armausschnittkante genauso an die hinteren Armausschnitte von Ärmel/ oberes Vorderteil nähen 3.

4 Vorder- und Rückenteil rechts auf rechts aufeinanderlegen, Ärmel zur Hälfte legen. Die Seitennaht und die Ärmelnaht jeweils durchgehend schließen 4.

5 Die gleichfarbigen hinteren Kapuzenschnittteile rechts auf rechts aufeinanderlegen und an der äußeren Rundung zusammennähen 5.

6 Jeweils das andersfarbige vordere Kapuzenteil an der senkrechten Teilungskante rechts auf rechts an ein hinteres Kapuzenteil legen – die obere Mitte des vorderen Kapuzenteils trifft auf die Naht des hinteren Kapuzenteils – fixieren und die Naht schließen 6a + 6b.

7 Nahtzugaben nach hinten bügeln und die Naht von rechts knappkantig absteppen 7.

8 Beide Kapuzen rechts auf rechts ineinanderlegen und die vorderen Kanten zusammennähen. Kapuzen links auf links wenden. Die vordere Kante im Nahtbruch flach bügeln 8.

9 Die Kapuze mit der Halskante rechts auf rechts an den Halsausschnitt des Shirts legen. Dafür die Kapuzenmittelnaht in der Mitte des hinteren Halsausschnittes fixieren, dann die Kapuzenkanten zu beiden Seiten nach vorne legen 9.

10 Die Kapuze gemäß den Markierungen ringsum gut fixieren – im vorderen Bereich des Halsausschnittes überlappen sich die Kapuzenkanten – dann rundum festnähen 10.

11 Den unteren Shirtrand versäubern, laut Markierung nach links umschlagen, fixieren und ab Bruchkante fußbreit feststeppen 11.

12 In gleicher Weise die unteren Ärmelränder säumen.

1

2

3
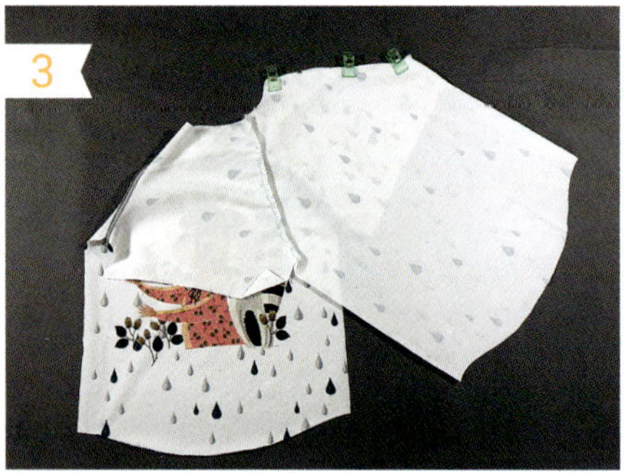
4

5
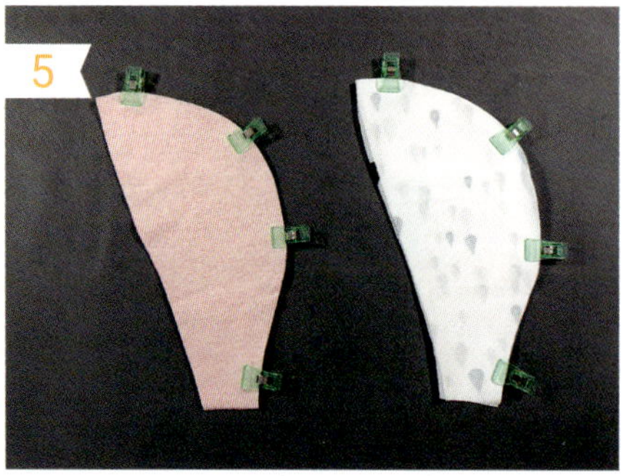
6a
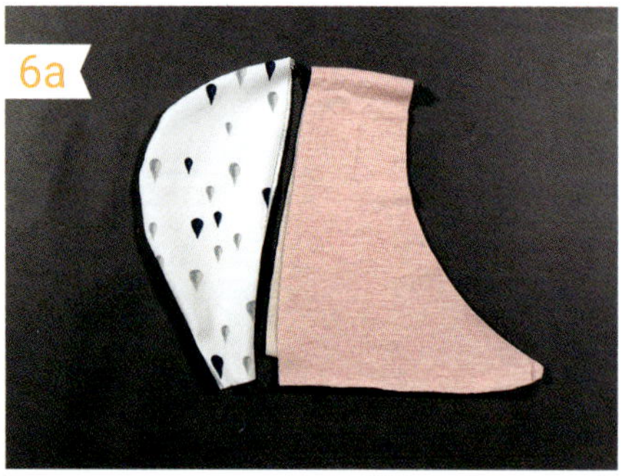
6b
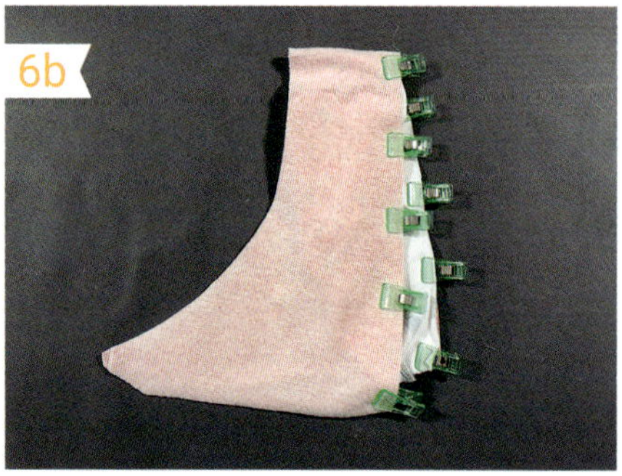
7
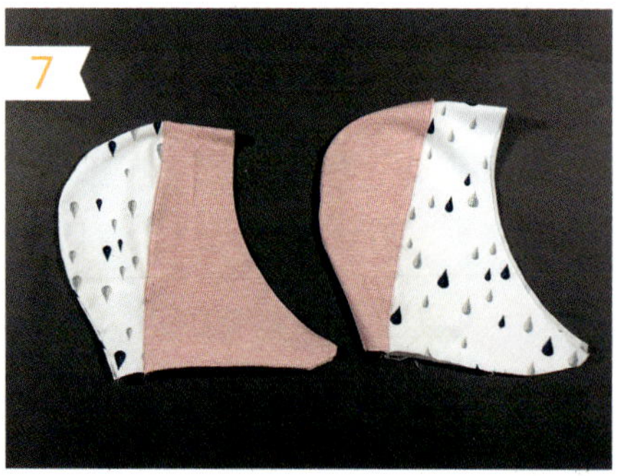
8
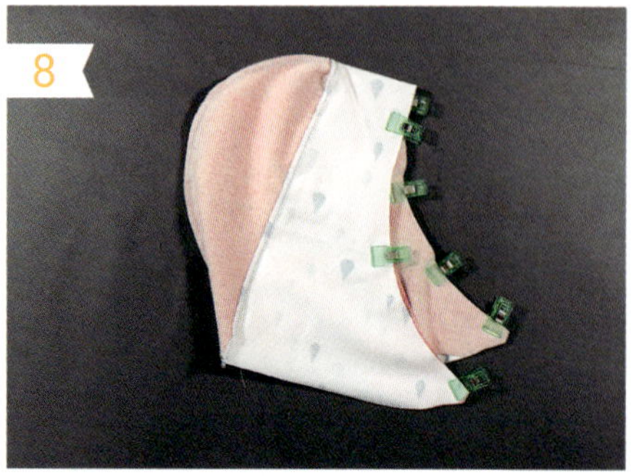
9
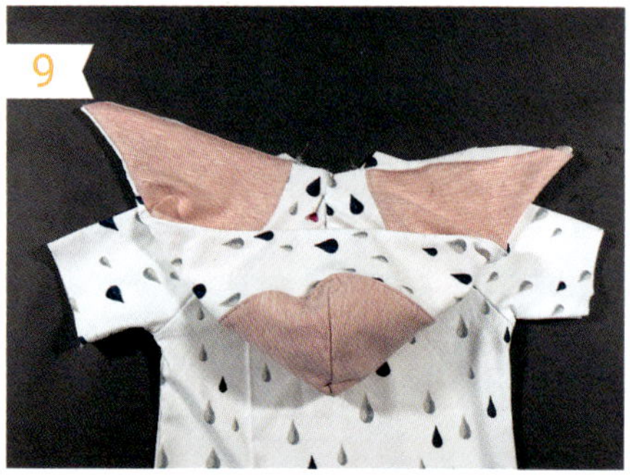
10
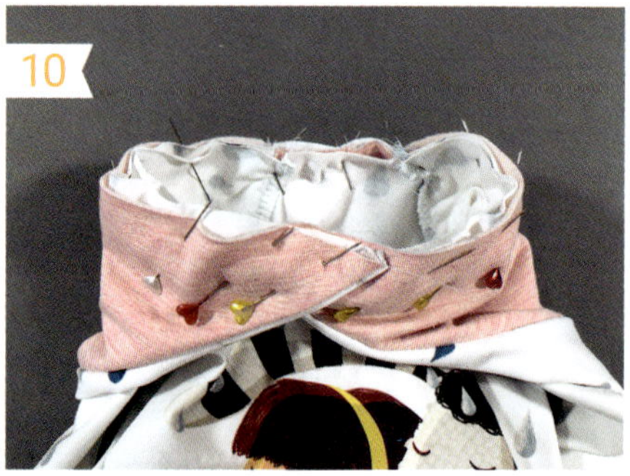
11
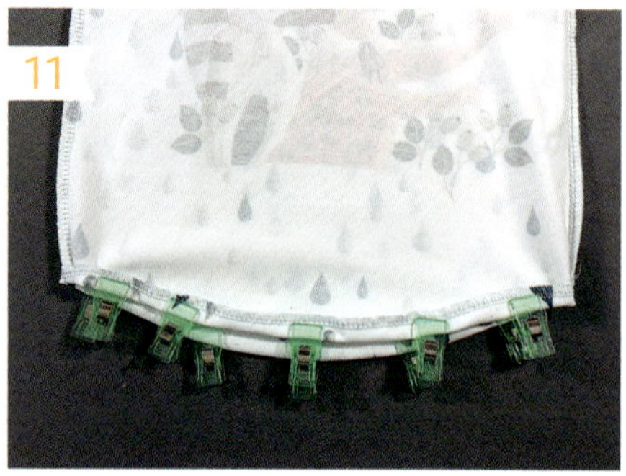

RAGLAN-JACKE MIT HOHEM KRAGEN

Größen: 104/ 110/ 116/ 122/ 128/ 134 • Schwierigkeit: ✪✪✪
• Schnittteile 13a-h auf Bogen A in Rot

Über diese süße Jacke freut sich jede Prinzessin. Sie hält nicht nur warm, sondern kommt zudem in einer coolen Farb-Kombi daher.

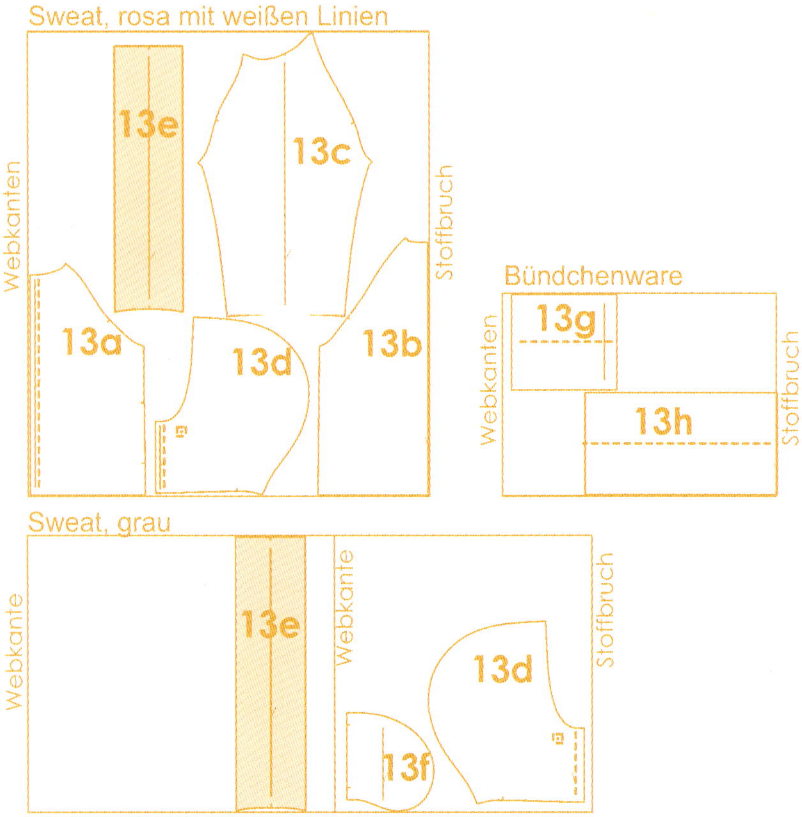

MATERIAL

• Sweat, rosa mit weißen Linien, 140 cm breit, 75/ 80/ 80/ 85/ 85/ 95 cm
• Sweat, grau, 140 cm breit, 50 cm für alle Größen
• Bündchenware, grau, ca. 90 cm breit, 20 cm für alle Größen
• Reißverschluss, grau, teilbar, 43,5/ 46/ 48,5/ 51,5/ 54,5/ 56,5 cm
• Ösen, Patches & Kordel in passenden Farben, siehe Seite 77

ZUSCHNEIDEN

Sweat, rosa mit weißen Linien
• 13a Vorderteil
• 13b Rückenteil
• 13c Ärmel
• 13d Kapuze, Seite
• 13e Kapuze, Mitte

Sweat, grau
• 13d Kapuze, Seite
• 13e Kapuze, Mitte
• 13f Taschenbeutel

Bündchenware
• 13g Ärmelbündchen
• 13h Saumbündchen

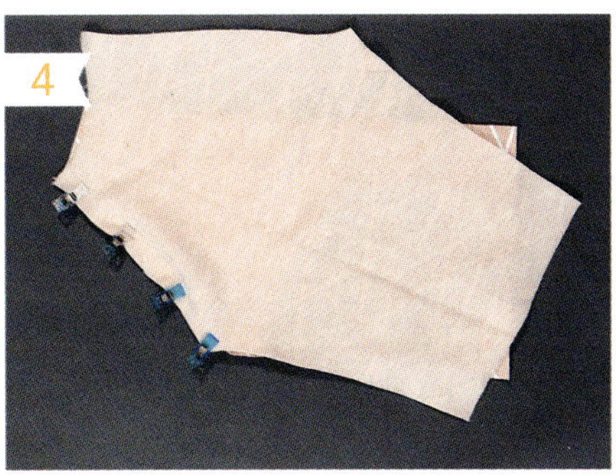

NÄHEN

! Alle Nähte mit einer Overlock-Nähmaschine oder alternativ mit einem elastischen (Zickzack-)Stich der Haushalts-Nähmaschine + Versäuberungsnaht nähen.

1 Die Vorderteile mit der rechten Seite nach oben zeigend auslegen. Je einen Taschenbeutel rechts auf rechts gemäß Markierung an die seitlichen Kanten legen und fixieren. Die geraden Kanten der Taschenbeutel innerhalb der Nahtzugabe mit Geradstichen an die Vorderteile steppen – dabei die Naht jeweils exakt 0,8 cm vor den Schnittkanten der Taschenbeutelrundung beginnen bzw. beenden und jewells gut sichern 1.

2 In gleicher Weise zwei Taschenbeutel an das Rückenteil nähen 2.

3 Einen Ärmel mit der rechten Seite nach oben zeigend neben das entsprechende Vorderteil legen 3.

4 Ärmel mit der vorderen Armausschnittkante rechts auf rechts an den Armausschnitt des Vorderteils legen, fixieren und annähen 4.

5 Die hinteren Armausschnittkanten ebenso an das Rückenteil nähen 5.

6 Vorder- und Rückenteil rechts auf rechts aufeinanderlegen, Ärmel zur Hälfte legen, die Taschenbeutel nach außen legen und alle Kanten deckungsgleich fixieren 6.

7 Nun zuerst die Taschenbeutelkanten rundum zusammennähen. Dann die Seitennaht vom unteren Rand bis zum Taschenbeutel nähen – hier genau bis zum ersten Stich der Taschenbeutel-Ansatznaht nähen, dafür den Taschenbeutel etwas zur Seite ziehen. Das Nahtende gut sichern. Anschließend ab unterer Ärmelkante die Ärmelnaht und fortlaufend die Seitennaht bis zur Taschenbeutel-Oberkante nähen – auch hier bis zum ersten Stich der Taschenbeutel-Ansatznaht nähen und das Nahtende gut sichern.

8 Außenkapuze: Den rosafarbenen Kapuzenmittelstreifen mit einer langen Kante rechts auf rechts an die hintere Rundung eines rosafarbenen Kapuzenseitenteils legen, fixieren und annähen. Dann die zweite lange Kante des Mittelstreifens genauso an die hintere Rundung des zweiten rosafarbenen Kapuzenseitenteils nähen. Nahtzugaben in die Seitenteile bügeln und die Nähte von rechts knappkantig absteppen. Ösen, Patches & Kordel anbringen, siehe Seite 77 8.

9 Die Innenkapuze mit den grauen Kapuzenteilen wie die Innenkapuze nähen. Kapuzen rechts auf rechts ineinanderlegen und die vorderen Kanten zusammennähen. Kapuzen links auf links wenden. Die vordere Kante im Nahtbruch flach bügeln und ab Bruchkante 3 cm breit absteppen 9.

10 Die Kapuze mit der Halskante laut Markierungen rechts auf rechts an den Halsausschnitt der Jacke legen – dabei beachten, dass an den vorderen Kanten der Vorderteile die Nahtzugabe für den Reißverschluss frei bleibt! Schnittkanten fixieren und zusammennähen 10.

11 Saum- und Ärmelbündchen annähen, siehe Seite 76 11.

12 An den vorderen Kanten – von der unteren Bündchenkante bis zur oberen Kragenkante – den Reißverschluss einnähen, siehe Seite 75. Optional zusätzlich den Kinnschutz nähen 12.

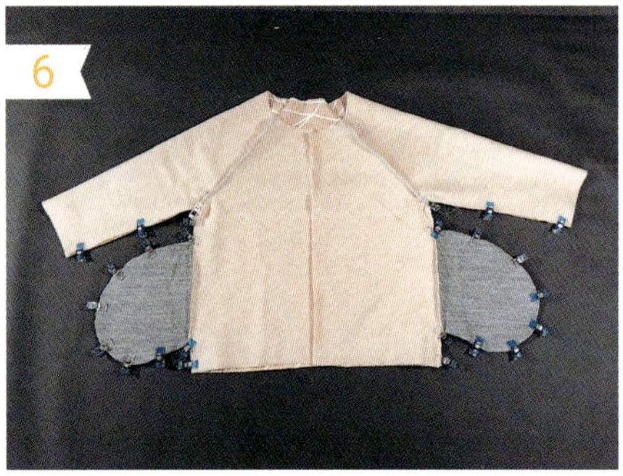

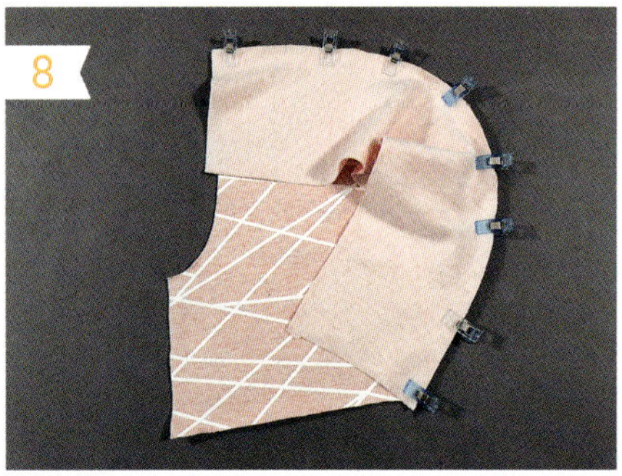

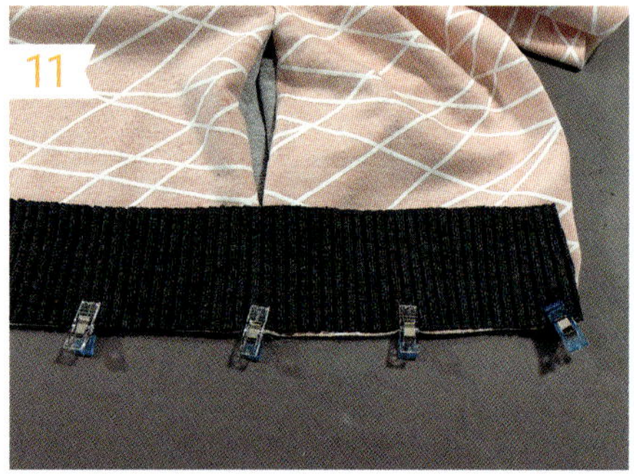